徳川幕藩体制の端緒となった「関ヶ原合戦」の論点

✕関ヶ原合戦のイメージ

慶長《けいちょう》五年（一六〇〇）九月に勃発《ぼっぱつ》した関ヶ原《せきがはら》合戦は、ま[illegible]日の戦いだった。戦いに勝利した徳川家康《とくがわいえやす》は三年後に征夷大将軍《せいいたいしょうぐん》に[illegible]府を開いた。さらに慶長二十年（一六一五）五月、家康は大坂夏の陣[illegible]に追い込み、約二百六十年にわたる盤石《ばんじゃく》な徳川幕藩体制の基礎を築い[illegible]藩体制を築く端緒《たんちょ》となった意味で、関ヶ原合戦は重要なターニングポイントになった。

とはいえ、一般の人が抱《いだ》く関ヶ原合戦のイメージと、研究者が持つイメージとでは、少なからず乖離《かいり》があるのも事実である。

一般的に知られているのは、小説、映画、テレビドラマなどで広まった関ヶ原合戦のイメージである。たとえば、小山評定《おやまひょうじょう》の席上で福島正則《ふくしままさのり》が高らかに家康に味方すると宣言したシーンは有名だろう。家康は合戦が膠着《こうちゃく》状態に陥《おちい》った際、小早川秀秋《こばやかわひであき》が陣を置く松尾山《まつおやま》に向けて鉄砲を撃たせ、攻撃への参加を促《うなが》すと、秀秋は慌《あわ》てて西軍の軍勢に突撃する場面などは、もはやおなじみである。しかし現在、それら定番ともいえる逸話には、修正が迫られている。

司馬遼太郎『関ヶ原』

関ヶ原合戦を描いた代表的な小説としては、歴史小説家として著名な司馬遼太郎《しばりょうたろう》の『関ヶ原』がある。『関ヶ原』は、昭和三十九年（一九六四）七月から昭和四十一年（一九六六）八月にかけて「週刊サンケイ」誌上で連載された。昭和四十一年に新潮社から上・中・下の全三巻で刊行され、その後は文庫や『司馬遼太郎全集　第一四巻』（文藝春秋）にも収録された。のちにドラマ化、映画化もされている。

司馬といえば、歴史小説を執筆する際の有名なエピソードがある。司馬は資（史）料収集に余念がなく、金に糸目をつけなかった。トラックで古書店を訪ねると、必要な資（史）料を手当たり次第に購入し、立ち去っていったという。そのため司馬が歴史小説の執筆を開始すると、テーマに関係する資（史）料は一斉に古書業界から姿を消したといわれている。

問題は、司馬が収集した資（史）料の中身である。司馬の『関ヶ原』を一読すると、ユニークなエピソードを取り上げつつ、登場する戦国武将の人物像をいきいきと描いている。それはまさに天才的で、読む者を引きつける魅力がある。しかし、そこで描かれたエピソードが史実であるかといえば、そうでないものも少なくない。司馬が読んだ資（史）料の大半は一次史料ではなく、二次史料だったと考えられる。

歴史研究を進めるうえでもっとも重要なことは、確実な史料（証拠）がどれだけ残っているかであり、関ヶ原合戦でも同じである。

史料は大別すると、一次史料と二次史料がある。その違いは何か。

一次史料は同時代に発給された古文書あるいは日記、金石文《きんせきぶん》（金属器や石碑、墓碑、岩などに鋳刻または彫刻された文字や文章）などを指す。史料としての価値は高い。

一方の二次史料は系図、家譜《かふ》、軍記物語など、後世になって編纂《へんさん》されたものである。素材は文書、口伝《くでん》などであり、作成者の創作が入ることも珍しくない。作成された意図（先祖の顕彰など）が反映されていることなどから、史料的な価値は劣る。

歴史研究では一次史料に拠《よ》ることを基本原則とし、二次史料は副次的な扱いとする。しかし、二次史料にまったく価値がないわけでもなく、作成された政治的・社会的・文化的な背景を考慮し、史料批判を行ったうえで用いることもある。

もちろん司馬の『関ヶ原』は歴史小説であって、純粋な歴史研究ではない。一次史料を用いて執筆するよう求めるのは、まったくのお門違いである。しかし、司馬の『関ヶ原』が一般の人に与えた影響は大きく、関ヶ原合戦に関する誤ったイメージは払拭《ふっしょく》されなくてはならないと考える。

✕参謀本部編『日本戦史　関原役』

関ヶ原像で、もう一つ後年に大きな影響を与えた著作としては、明治二十六年（一八九三）に刊行された参謀本部編『日本戦史　関原役《せきがはらのえき》』がある。『日本戦史』は関ヶ原合戦だけでなく、戦国時代の数多くの合戦を分析した研究書で、その編纂に取り組んだのは、のちに陸軍大将になった川上操六《かわかみそうろく》（一八四八～九九）である。

ドイツの戦史理論を学んでいた川上の考え方は、旧陸軍における戦史概念の原型になったという。その戦史概念は、兵学を研鑽《けんさん》するため勝敗の因果関係を明確にし、兵学に適する内容を叙述することだった。つまり戦史とは、戦争を実行するうえでの実学だったのである。『日本戦史』を編纂した理由は、当時の日本には戦史が存在しなかったこと、そして自国（＝日本）の戦争経験を学習する重要性にあった。それ以前はドイツの戦史理論に学び、西洋の戦史が翻訳されるに止《とど》まっていた。

川上は旧陸軍に適合する形で、わが国の戦争の本質を捉《とら》えることを志向し、日本の国土・気象や風土を基盤とした戦史を編纂する必要があると考えたのだ。

それまで関ヶ原合戦に関する研究書はなく、『日本戦史』は画期的《かっきてき》な内容だったが、問題点が多いのも事実である。一つには用いている史料が玉石混交《ぎょくせきこんこう》で、信の置けない二次史料も十分な検討を行わず、根拠とされている点である。また、純然たる研究書ではないため、出典を示さずに結論を導き出している点もある。

同書は長らく稀覯本《きこうぼん》であったが、復刊されて広く知られ、文庫化までされている。したがって影響力は多大なものがあり、これも克服せねばならない一冊である。

✕近年の研究の特色

戦後になって、関ヶ原合戦を主題とした研究はあまり出なかった。そんな状況下において刊行されたのが、二木謙一《ふたきけんいち》氏の『関ヶ原合戦　戦国のいちばん長い日』である。同書は慶長五年九月十五日だけに絞り込んで、各大名たちの動きや戦闘を克明に記した豊富な史料を用いて戦況を詳しく記しており、著名なエピソードも多く書かれたので、広く読まれた一書である。

ただし古文書や日記などの一次史料を部分的に用いてはいるものの、多くは二次史料に拠っており、問題点があるのも事実といえよう。また、関ヶ原合戦前の政治的な状況には触れていないので、あくまで合戦の経過を追った戦史ドキュメントである。やや小説風のセリフなども入っている。

本格的に関ヶ原合戦を研究として取り上げたのは、笠谷和比古《かさやかずひこ》氏である。笠谷氏は関ヶ原合戦前後の政治過程も含めて、『関ヶ原合戦　家康の戦略と幕藩体制』、『関ヶ原合戦と近世の国制』、『戦争の日本史17　関ヶ原合戦と大坂の陣』、『論争　関ヶ原合戦』などの研究書、一般書で分析を行った。これまでの研究は合戦のみに目が向けられがちだったが、笠谷氏により関ヶ原合戦が政治的な問題として分析されるようになった。

さらに、白峰旬《しらみねじゆん》氏の『新「関ヶ原合戦」論　定説を覆す史上最大の戦いの真実』、『新解釈　関ヶ原合戦の真実　脚色された天下分け目の戦い』、『新視点　関ヶ原合戦』が刊行され、これまでの二次史料に基づいた誤りが正されるようになった。白峰氏は現在も、関ヶ原に関する学術論文を次々と公表している。

光成準治《みつなりじゆんじ》氏は『関ヶ原前夜　西軍大名たちの戦い』などを執筆し、一次史料を中心に用いて関ヶ原合戦の政治的な背景を明らかにした。それは、水野伍貴《みずのともき》氏の『秀吉死後の権力闘争と関ヶ原前夜』、『関ヶ原への道　豊臣秀吉死後の権力闘争』も同じである。二つの研究の特色は、関ヶ原合戦の戦いそのものを取り上げるだけでなく、むしろ政治過程や豊臣政権のあり方などに着目したことだろう。

関ヶ原合戦については、当日の戦いの重要性もさることながら、今後は豊臣政権の問題として捉え、政治過程および諸大名の動向を精緻《せいち》に探ることが、問題の本質に迫るカギになると思われる。なお、右に掲げた諸研究（その他の研究も含め）は、本書のなかで随時取り上げることにしたい。

✕収集すべき関連史料

関ヶ原合戦の研究でやや不便なのは、当該年前後の東京大学史料編纂所編『大日本史料』（歴史上の主な出来事の項目を立て、根拠史料を列挙した史料集）が刊行されていないことである。もちろん活字史料ですべてをフォローできるわけではないが、あった方が史料検索の便がいいのは確かである。

関ヶ原合戦のまとまった史料としては、藤井治左衛門《ふじいじざえもん》氏の『関ヶ原合戦史料集』があるが、すべての関ヶ原合戦関係史料を網羅《もうら》しているわけではなく、むしろ少ないくらいである。同書には一次史料だけでなく、二次史料もかなり収録されている。

ほかに中村孝也《なかむらこうや》『徳川家康文書の研究　中巻』、『大日本古文書　毛利家文書』、『大日本古文書　上杉家文書』、『大日本古文書　吉川家文書　島津家文書』などにより、各家の動向を探ることが可能であるが、それだけで全体像をつかむのは非常に厳しい。各都道府県、各市町村から刊行された、自治体史の史料編をはじめ、各種史料集から膨大な関連史料を収集する必要があり、同時代の公家や僧侶などの日記なども参照すべきだろう。

全国的な自治体史（史料編）の傾向として、慶長年間の史料を掲載するところは少なく、この辺りは今後の課題となろう。文書、記録のことを強調したが、家譜、奉公《ほうこう》書《がき》、覚書《おぼえがき》のような史料も重要である。

先述のとおり、それらは自身の軍功を子孫に伝える目的があるので、必ずしも正確な内容とはいい難いかもしれない。しかし、全面的に誤りであるともいえないので、特に合戦の状況を検討するうえでは史料批判を行ったうえで、補助的に使用しても差し支えないと思われる。

誤ったイメージの克服

本書の目的は、従来の誤った関ヶ原合戦のイメージを覆《くつがえ》すことにある。また、論争中の説を取り上げ、検証も行った。その際、できるだけ重要な事項を取り上げ、あらゆる角度から検証を行い、自分なりの意見を提示した箇所もある。

もっとも重要なことは、関ヶ原合戦を総括し、その意義を考えることである。これまで、笠谷和比古氏が提唱した二重公儀《こうぎ》体制が世間的に知られていたが、批判があるのも事実である。筆者は関ヶ原合戦後から徳川家康の征夷大将軍就任の期間を「関ヶ原体制」と定義して、エピローグで詳しく論じてみた。

関ヶ原合戦のユニークな逸話のなかには、劇的さを演出するための偽《いつわ》りが少なからず含まれている。それは小説、映画、テレビドラマなどで拡散していったが、もはや克服される段階に来ているだろう。本書が、関ヶ原合戦を見直すきっかけとなれば幸いである。

本文中の（渡邊：二〇一九）といった表記は、著者名と刊行年を示しており、巻末の参考文献の書籍・論文に対応している。

政治指導者としての「徳川家康」——文庫化に際しての附記——

本書は、二〇一九年にPHP新書の一冊として刊行された『関ヶ原合戦は「作り話」だったのか　一次史料が語る天下分け目の真実』の文庫版である。

二〇二三年はNHKの大河ドラマでまたもや「家康」が取り上げられ、信長・秀吉、そして関ヶ原合戦について、二次史料に基づく小説や逸話が世をにぎわすことになろう。そこで、拙書の文庫化に際しては、最新の研究をもとに見直し・加筆作業および本文に増補もしくは補訂を行うことにした。それゆえ、増補版もしくは補訂版ともいえるものとなった。また、本文中に書くと煩雑になることに関しては、それぞれの章末に補述した。関ヶ原合戦の中心人物たる徳川家康の真の人間像を理解するための一助となればと思う。

家康を祖とする幕府が築いた江戸時代に、「織田がつき　羽柴がこねし　天下餅座りしままに　食うが徳川」という有名な狂歌がある。歴史好き、家康や信長ファンの方なら、ご存じだろう。織田信長が土台を作り、豊臣秀吉が発展させ、最後に徳川家康が楽して棚からぼた餅で天下人になったということになるようだから、この句はある意味、家康の辛抱強さを物語っているといえるのかもしれない。

ただ、家康の作とされる「人生は重荷を背負うて……」というのは、後世の創作に過ぎない。家康が苦労人だったのは事実かもしれないが、辛抱強いというのは、明確な根拠がないのである。

家康が好んで読んだとされるのが中国の古典『貞観政要《じょうがんせいよう》』だが、その書に学び、家康は「治国安民の政治理想」の実現を自らの手で実現することになった。

それでも筆者からすれば、家康の政策の多くは、信長と秀吉の二人の主人からの影響が大きいと思われる。

しかし最期が大きく違う。

駿府城で波乱の生涯を閉じたのは、元和二年（一六一六）四月十七日である。享年七十五。死後、久能山（静岡市駿河区）に葬られたが、遺言により日光（栃木県日光市）に分霊された。現在の日光東照宮である。翌年二月、家康には「東照大権現」の神号、その翌月に神階の正一位が贈られた。

だが、信長は本能寺で不幸な死を遂げ、秀吉も乏しい人徳のせいで、継嗣の秀頼は、孤立化し、大坂の陣で豊臣家は滅亡した。その失敗に家康は学んだのか、二人の轍を踏むことなく、政治の理想を追求して邁進した。その裏付けが学問だった。

家康は早い段階で秀忠に将軍の座を譲り、自らの手で帝王学を伝えた。『貞観政要』には「創業は易く、守成は難し」という有名な言葉があるが（意味は文字通り「新しく事業を起こすことよりも、その事業を衰えないように維持することは難しい」ということになろう）、そのことを実践しようとしたのだ。

家康は、藤原惺窩《せいか》、林羅山から儒学を学び、ブレーンとして天海、崇伝を起用した。

家康を支えたのは、豊富な読書から得た学びであり、それがたしかな政治哲学の礎になった。そう考えることは一次史料からみても、許される理解といえるだろう。

誤解だらけの「関ヶ原合戦」

徳川家康「天下獲り」の真実

目次

第二章　上杉景勝の覚悟

第三章　決起した西軍

第四章 輝元、吉継、三成の選択

第五章　関ヶ原前夜の攻防

第六章 決戦関ヶ原

第七章　「関ヶ原合戦」の戦後処理

エピローグ　徳川家康「関ヶ原体制」の創出

第一章
豊臣政権の変質

✕五大老のメンバー

関ヶ原合戦が勃発したのは、豊臣秀吉《ひでよし》の死が大きなきっかけだった。秀吉には秀頼《ひでより》という後継者がいたもののいまだ幼く、頼りにすべき縁者などもいなかった。したがって秀吉の晩年は、自分の死後における秀頼の身の安全と豊臣家の繁栄を考えることに消費された。神経質なほどに各大名に起請文《きしょうもん》の提出を要求し、さまざまな掟《おきて》を定めたのは、その証である。自身の死後、秀頼がどうなるのか心が休まる暇がなかったのである。

秀吉は死の二週間前の慶長三年（一五九八）八月五日、遺言として「豊臣秀吉遺言覚書案」を残した（「早稲田大学図書館所蔵文書」）。この遺言には、秀吉没後の政権構想が書き記されている。次に、その内容を確認しておきたい。

①徳川家康《いえやす》、前田利家《まえだとしいえ》、毛利輝元《もうりてるもと》、上杉景勝《うえすぎかげかつ》、宇喜多秀家《うきたひでいえ》は、秀吉の口頭での遺言を守り、また互いに婚姻《こんいん》関係を結ぶことにより、紐帯《ちゆうたい》を強めること。
②家康は、三年間在京しなくてはならないこと。なお、所用のある時は、徳川秀忠《ひでただ》を京都に呼ぶこと。

③家康を伏見城《ふしみ》の留守居《るすい》の責任者とすること。五奉行《ごぶぎょう》のうち前田玄以《まえだげんい》・長束正家《なつかまさいえ》を筆頭に、もう一人を伏見に置くこと。
④五奉行の残り二人は、大坂城の留守居を勤めること。
⑤秀頼が大坂城入城後は、武家衆の妻子も大坂に移ること。

遺言のなかで重要なのは、①の徳川家康、前田利家、毛利輝元、上杉景勝、宇喜多秀家を五大老《ごたいろう》のメンバーに確定したことである。次に家康を伏見城に置き、江戸に下向させないことにより、関東における不穏《ふおん》な動きを封じようとした。前田玄以と長束正家は、家康の監視役と考えてよいであろう。秀忠が家康の名代的《みょうだい》な位置にあることは、注目される。秀吉はその死に際しても、徳川家がもっとも頼りになることを痛感したようである。家康は関東八州を押さえる大大名で、その威勢は加賀《かが》の前田利家をはるかに凌《しの》いでいた。

ほぼ同じ頃、別に秀吉が残した遺言の覚書も残っている（「浅野《あさの》家文書」）。この覚書における宇喜多秀家に対する秀吉の大きな期待は、非常に注目される。秀家は幼少時より秀吉に取り立てられたので、秀頼を守り立《も》てるよう強く要望されていた。さらに秀吉は、秀家が五大老の一人に加わった以上、贔屓《ひいき》・偏頗《へんぱ》（不公平）なく諸事に取り組み、政権維持のために政策を実行することを期待している。ここまで強く要望したのは、秀吉の養女・豪《ごう》（前田利家の娘）の夫である秀家が、ほとんど唯一の信頼できる人間だったからだろう。

秀吉が五大老の面々に、秀頼を支えるように遺言状を残したことはあまりに有名である（「毛利家文書」）。秀吉は五大老に対し、秀頼が一人前に成長するまで、しっかり支えてほしいと懇願し、これ以外に思い残すことはないとまで書き記した。さらに、追而書《おってがき》（追伸）の部分では秀吉の配下にあり、政権を支える五奉行（浅野長政《ながまさ》、前田玄以、石田三成《いしだみつなり》、増田長盛《ましたながもり》、長束正家）たちにも申しつけてある、とまで述べている。かなりしつこいが、一人の親の心情として涙ぐましさを感じざるをえない。

✕後事を五大老、五奉行に託す

秀吉の病状が悪化したのは、慶長三年六月のことであった（「多田厚隆《ただこうりゅう》氏所蔵文書」）。朝廷では、秀吉の病《やまい》が平癒《へいゆ》することを祈願して神楽を催した（『御湯殿上日記《おゆどののうえのにっき》』）。

その後、平癒の祈願は各地の寺社でも執り行われたが、秀吉の病が癒《い》えることはなかった。秀吉が五大老や五奉行をたびたび呼び出し、後事を託し始めたのは、ちょうどこの頃からである。秀吉の病名は判然としないが、脳梅毒説、痢病《りびょう》（赤痢・疫痢の類）

説、尿毒症説、脚気《かっけ》説など諸説がある。秀頼はまだ六歳であった。

秀吉は臨終に際して、自身が所有していた茶器、名画、名刀、黄金を多くの人々に与えた（『甫庵太閤記《ほあんたいこうき》』）。とりわけ有力な家康や利家には厚く、家中の下々の者にまで贈られたという。秀吉の臨終に関しては、宣教師のフランシスコ・パシオの貴重な報告が残っている（ルイス・フロイス『日本史』）。報告によると、秀吉は臨終間際になっても時折、意識が戻り、狂乱状態になって愚かしいことをしゃべったと伝える。死の直前まで執着し続けたのは、秀頼の行く末であった。

こうして、秀吉は同年八月十八日に亡くなった。秀吉がもっとも恐れていたのは、五大老の一人である家康が政権を奪う可能性を否定できないことだった。その家康を頼りにして、死の瞬間まで秀頼を守り立ててほしいと願ったのである。恐れていた人物に将来を託すのは皮肉だが、やむを得ないことであった。このように秀吉は、秀頼そして豊臣家の将来を案じて、後事を五大老や五奉行に託したが、この期待は見事に裏切られてしまうのである。

×五大老が格上、五奉行は格下か

秀吉が後事を託した五大老と五奉行について、どのようなイメージをお持ちだろうか。

五大老の面々は、最初は徳川家康、前田利家、毛利輝元、宇喜多秀家、小早川隆景《こばやかわたかかげ》の五名が任じられたが、小早川隆景が亡くなると、上杉景勝が代わりに加えられ、前田利家の死後は嫡男《ちゃくなん》の利長《としなが》が任じられた。五奉行の面々は、浅野長政、前田玄以、石田三成、増田長盛、長束正家の五名である。

五大老や五奉行の制度が設けられたのには、もちろん理由がある。秀吉が病床につき、後継者である幼い秀頼を支える必要が生じたからだった。

古い歴史辞典や概説書などの説明では、五大老が政権の中枢を担《にな》い、五奉行がその下で実務を担ったような書き方をしている。つまり五大老が格上で、五奉行は格下という考え方である。確かに五大老は数十万石の大名で構成されているが、五奉行は数万石から十数万石程度の大名ばかりなので、所領の規模で考えると、五大老が格上と感じてしまうだろう。

しかし、近年の研究で、右の考え方には修正が迫られている。以下、五大老と五奉行の役割などに着目し、解説することにしよう。なお、現在、五大老と五奉行の呼称についても種々議論があるが、煩雑《はんざつ》になるので従来通りの呼称を用いる。

✕五大老の原型

五大老の原型となるシステムは、天正《てんしょう》十六年（一五八八）頃から確認できる。同年四月、秀吉は自らの権力を誇示すべく、自邸の聚楽第《じゅらくだい》（京都市上京区）に後陽成《ごようせい》天皇の行幸《ぎょうこう》を仰《あお》いだ。その経緯を記した『聚楽行幸記』という史料に、同年四月十五日付の二通の起請文が記載されている。

起請文の内容は同じものだが、一番重要なのは諸大名が「関白《かんぱく》（＝秀吉）」に服従と忠誠を誓うということである。諸大名は起請文を提出することにより、完全に豊臣政権に組み入れられた。二通の決定的な違いは、そこに連署《れんしょ》（署名と花押《かおう》）している面々である。一通目に署名しているのは、次のメンバーである。

①織田信雄《おだのぶかつ》（織田信長《のぶなが》の次男）　②徳川家康　③豊臣秀長《ひでなが》（秀吉の弟）
④豊臣秀次《ひでつぐ》（秀吉の甥《おい》）　⑤宇喜多秀家（秀吉の養女・豪の夫）　⑥前田利家

この六名は、いわば豊臣政権を支える重臣たちと位置づけられた。あえて分類を試みるならば、秀吉の血縁に連なる者が二名（秀長、秀次）、婚姻や養子縁組などにより関係が深い者が二名（家康、秀家）、外様《とざま》が二名（信雄、利家）ということになる。

秀吉は甥の秀次を切腹に追い込んだ文禄《ぶんろく》四年（一五九五）七月、重臣たちに対して起請文の提出を改めて迫った。それは、徳川家康、毛利輝元、小早川隆景の三名が連署した五ヵ条の起請文案で（「毛利家文書」）、内容を要約すると次のようになろう。

①秀頼を別心なく守り立てていくこと。
②諸事につき、秀吉の定めた法度《はっと》を守ること。
③秀頼を疎略《そりゃく》に扱い、また秀吉の定めた法度に背いた場合は、誰であっても調べたうえで処罰を申し付ける。
④東国方面は家康に任せ、西国方面は輝元と隆景に任せる。
⑤在京して秀頼に奉公し、下国《げこく》するときは家康と輝元が交代で暇《いとま》を取ること。

この五ヵ条の骨子は、秀吉と秀頼に対して忠誠を誓うことである。日本を東西に分け、東国を家康、西国を輝元と隆景に任せているのが興味深い。とりわけ家康と輝元は、政権の中枢といえる存在であった。実は、ほぼ同趣旨の起請文は、前田利家と宇喜多秀家も提出している。ただし利家と秀家の役割は、家康や輝元・隆景と比較して、やや軽かったようである。

⚔五大老の体制を整える

同年八月三日に至ると、五大老（あるいは六大老）連署の掟が発布された。署名をしているのは、徳川家康・前田利家・上杉景勝・毛利輝元・小早川隆景である。その内容を次に確認しておこう。

①諸大名の婚姻は、秀吉の許可を得たうえで決定すること。
②諸大名が誓紙《せいし》を交わすことを禁止する。
③喧嘩口論に至った場合は、我慢したほうに理があること。
④無実であることを主張する者があれば、双方（原告・被告）を召し寄せて、究明を行うこと。
⑤乗物を許可するのは、家康・利家・景勝・輝元・隆景、そして古公家、長老、出世衆とする（以下、省略）。

①②は、諸大名が勝手に婚姻関係を結んだり、同盟関係を結ぶことを禁止したもの。

③④は大名らの私闘を禁止し、豊臣政権の裁判によって解決を図るようにしたものである。⑤は格式の問題であり、駕籠《かご》に乗ることができる面々を規定したものであるが、五大老の一人・宇喜多秀家の名前はない。その理由は、秀家がまだ二十四歳であり、五大老の中でもっとも若かったからである。これらの掟は、豊臣政権への従属を諸大名に迫ったものと解釈してよい。

五大老（あるいは六大老）という体制を整えた理由は、秀次処刑後の混乱を収めるためと解することも可能である。景勝が加わった理由は、隆景が老齢であり、出兵中の朝鮮から帰国して病床に伏せるなど、体調が思わしくなかったからだろう。しばらくして隆景は、家督《かとく》を養子の秀秋に譲り、備後国三原《びんごのくにみはら》（広島県三原市）に引退した。隆景が亡くなったのは、慶長二年（一五九七）六月である。

こうして五大老が徐々に制度化され、隆景亡き後は、徳川家康・前田利家・上杉景勝・毛利輝元・宇喜多秀家の五名に固定化されたのである。

✕五大老と五奉行の役割

五大老の職掌はどのようなものだったのか。それについては諸説あったが、現在ではおおむね三つに集約されている（堀越《ほりこし》：二〇一六）。

一つ目は、文禄・慶長の役後の朝鮮半島からの撤兵である。秀吉の時代に引き起こされた戦争は、死後に終息した。しかし、朝鮮半島からの撤兵は大仕事で、大軍を日本へ運ぶための船の準備、明《みん》や朝鮮の追撃を想定した、九州諸大名への警護の指示などがあった。これは、五大老の最初の仕事だった。

二つ目は、謀反や反乱に対する対処である。慶長四年（一五九九）、庄内の乱が勃発した。庄内の乱とは、薩摩《さつま》の島津忠恒《しまづただつね》（家久《いえひさ》）が重臣の伊集院幸侃《いじゅういんこうかん》（忠棟《ただむね》）を殺害したことに対し、幸侃の子・忠真《ただざね》が叛旗《はんき》を翻《ひるがえ》した事件である。島津氏の手に負えず、最終的に乱に対処したのは、徳川家康だった。

ただし一つ目、二つ目の職務は、あくまで臨時のものであり、恒常的な五大老の職務ではなかったと指摘されている。

むしろ重要なのは、三つ目の領地の給与だった。本来、領地の給与は豊臣家の専権事項だったが、秀吉の跡を継いだ秀頼が幼かったため、代わりに五大老が行っていたのである。五大老が発給する文書の約六割は、各大名への領地の給与に関するものだった。とはいえ、それはあくまで秀頼の意を奉《ほう》じて与えるものであり、五大老に領地を給与する権限はなかったことに注意を払うべきであろう。

一方、五奉行の職掌についても諸説あったが、こちらも整理されている（堀越・

二〇一六)。その内容は、①主要都市の支配、②豊臣家直轄領(蔵入地《くらいりち》)の統括、が主要な任務で、なかでも②がもっとも重要であるとされている。豊臣家の直轄領は、地方に所在するものは大名を、畿内に所在するものは豊臣家直属の家臣や寺社をそれぞれ代官に任命し、五奉行がこれを統括した。米を金銀に替えさせたり、蔵米を納入させていたのである。

右の内容を整理すると、五大老の役割は秀頼に代わって大名の領地の給与を行い、五奉行の任務は豊臣家の直轄領を管轄することである。どちらが格上か格下かという結論を導き出すには、もう少し検討を続ける必要があるだろう。

✕「年寄」と「奉行」

そもそも五大老、五奉行という呼称は、江戸時代以降に使われた一般的な名称である。この見解に異を唱え、当時、五大老は「奉行」、五奉行は「年寄《としより》」と呼ばれていたと指摘したのが阿部勝則《あべまさのり》氏である(阿部:一九八九)。この説は長らく、研究者の間でも広く支持されたが、混乱を避けるため一般的には従来のまま呼ばれてきた。

右の阿部氏の研究を批判したのが、先述した堀越祐一《ゆういち》氏である(堀越:二〇一六)。なかでも注目すべきは、五奉行を「年寄」とする史料が存在する一方、あるときは「奉行」とする史料も数多く確認できたという事実である。つまり、阿部氏の指摘は、完全なものとはいえなかったのである。

「年寄」は「宿老《しゆくろう》」とも称され、大名家の重臣に相当した。一方、「奉行」はそれよりも一段低く、上位者の命令を執行する立場にあり、「年寄」の方が「奉行」よりも一段高い存在だったといえる。では、どのようなシチュエーションで、彼らは「年寄」あるいは「奉行」と呼ばれたのだろうか。

実は、石田三成ら五奉行の面々は、五大老のことを「奉行」と呼んでいた。しかも彼ら五奉行は、自分たちを指して「年寄」と呼び、逆に自分たちのことを決して「奉行」とは呼んでいなかった。一方、家康に与《くみ》する面々は、五奉行のことを「奉行」と呼んでいたが、五大老を「奉行」と呼ぶことはなく、ましてや五奉行を「年寄」とは呼ばなかった。

つまり三成らは、家康らを「奉行」と呼ぶことにより、相対的に自分たちの方が身分の高い「年寄」であることを誇示《こじ》したのである。家康ごときは秀頼に仕える「奉行」に過ぎず、自分たちこそが豊臣家の重臣たる「年寄」であることを強調したかったのだろう。

一方、家康らは自分たちが「奉行」であるとは思っておらず、ましてや三成らが「年寄」であると認めてはいなかったに違いない。要するに「年寄」あるいは「奉行」という呼称は、それぞれの政治的な立場を自認して用いられたと堀越氏は指摘している。

なお、五大老という名称は、江戸幕府の大老をイメージして、江戸時代に作られた用語ではないかと推測されている。

✕徳川家康の暴走

これまでは漠然《ばくぜん》と「五大老が格上で、五奉行が格下」と思われていたが、実際はそうではなかったようである。以下、もう少し具体例を確認しておこう。

慶長三年八月に秀吉が病没したとき、すでに家康と五奉行の面々は対立関係にあった。毛利輝元は五大老の一人であったが、家康に味方すべきか、五奉行に与するか態度を決めかねていた（『萩藩閥閲録《はぎはんばつえつろく》』）。その状況を察した三成は、毛利輝元を自陣に引き入れることに成功する。秀吉が亡くなってから、十日後のことだった。

輝元は五奉行に与するに際して、浅野長政を除く四奉行に対して起請文を捧《ささ》げた（「毛利家文書」）。浅野長政が外れているのは、三成が長政を親家康派であると考えたからである。起請文の内容は、五大老のうちで四奉行に対し心得違《こころえちが》いをする者が現れた場合は、輝元が四奉行に協力するというものである。ただし、これは三成の要望によって輝元が書かされたものであり、自ら申し出たものではなかった。

五大老の面々で四奉行と対立する人物といえば、もちろん家康しかいない。起請文を交わした輝元と四奉行は、秘密裡《ひみつり》に同盟を結んだといえよう。

案の定、家康は豊臣政権下で暴走を始める。家康は秀吉が定めた掟があるにもかかわらず、自身の子女と福島正則《ふくしままさのり》や伊達政宗《だてまさむね》の子女との婚姻を無断で進めた。これを問題視した前田利家ら四大老と五奉行は結束し、家康を糾問《きゅうもん》したのである。一時は一触即発の事態に陥ったが、これは話し合いによって解決された。

✕上下関係を論じるべきか

このように見ると、五大老と五奉行という名称にこれまで惑《まど》わされてきたが、どちらが格上、あるいは格下という考え方では捉えられないようである。それぞれの職掌は、五大老が幼い秀頼を補佐し、大名の領地の給与を行い、五奉行が豊臣家の直轄領を主に管理していたが、それはあくまで役割分担に過ぎないといいうるかもしれない。

実際の政治の現場では、五奉行が結束すれば、家康に対抗しうる力を持っていた。それは、ときに五大老の重鎮である前田利家を動かし、毛利輝元を味方に引き入れるだけの潜在能力を秘めていたのである。五大老も五奉行も豊臣政権を支えるうえで、役割分担はあったものの、ほぼ同格とみなしてよいだろう。

したがって、五大老と五奉行の関係は、単に名称にこだわって上下を論じるのではなく、実際の政治情勢から力学を読み取っていくべきと考える。

✕石田三成襲撃事件とは

五大老・五奉行間のパワー・バランスを崩したのが、七将による石田三成襲撃事件である。次に、その背景や真相を考えてみよう。

慶長四年（一五九九）閏《うるう》三月三日、五大老の長老格である前田利家が病没した。利家の死は、豊臣政権下の政治的なバランスを著《いちじる》しく崩した。とりわけ五奉行の一人である石田三成は、利家が亡くなったことにより、後ろ盾《だて》を失ったといえる。利家の死によって噴出したのが、反三成の立場にある武将たちの不満だった。

文禄・慶長の役において、三成から不当な扱いを受けたと怒る七人の武将たちがいた（それぞれの武将については後述）。彼らは利家が死んだことを好機と捉え、大坂にいた三成の襲撃を決行した。これが七将による石田三成襲撃事件である。三成は、七将の襲撃にどう対応したのか。まず、これまで知られている説を挙げておこう。

七将に狙《ねら》われた三成は、たちまち窮地に陥った。大坂を発した三成は伏見へと急いで戻ったが、もはやなす術《すべ》がなかった。そこで、三成は意を決して、伏見屋敷（京都市伏見区）にいる徳川家康に助けを求めた。家康は非常に驚いたが、意外にも要請に応じて三成を屋敷に匿《かくま》った。この話は、小説、映画、テレビドラマなどでよく知られており、息を呑むシーンの一つである。三成は、いま自分が殺されるのは、豊臣家中の分断を図るうえで得策ではないと家康は考えるだろうと読んでおり、まさしく「死中に活を求めた」ということになろう。

ところが後述するとおり、この逸話に関しては、二次史料も含めてまったく根拠が存在しない。単なる創作に過ぎないのである。では、石田三成襲撃事件の真相は、どのようなものだったのか。

七将が三成を恨んだ理由とは

三成を襲撃した七将の面々は諸書により異なり、必ずしも一致していない。現在では、細川《ほそかわ》（長岡《ながおか》）忠興《ただおき》、蜂須賀家政《はちすかいえまさ》（一茂《かずしげ》）、福島正則、藤堂高虎《とうどうたかとら》、加藤清正《かとうきよまさ》、浅野幸長《よしなが》（長慶《ながよし》）、黒田長政《くろだながまさ》が有力視されている。七将たちは、なぜそれほど三成を恨んでいたのだろうか。

改めて七将が三成を襲撃した理由を考えると、おおむね次のようになろう。慶長二年から三年にかけて、朝鮮出兵で蔚山《うるさん》城に籠もっていた加藤清正・浅野幸長は、明・朝鮮連合軍の大軍により包囲・攻撃されていた。蔚山城は兵糧《ひょうろう》が乏しく苦戦を強《し》いられたが、やがて釜山《ぷさん》からの援軍によって明・朝鮮連合軍は崩され、退去した。

しかし、援軍は総崩れとなった明・朝鮮連合軍をほとんど追撃することなく、すぐさま撤退を行った。この間、加藤清正ら朝鮮の現地で戦っていた武将たちは、和睦《わぼく》を模索することを前提として、戦線の縮小を検討し始めていたが、これは豊臣秀吉の主戦論とはまったく相容《あいい》れないものだった。

この一報は、石田三成と関係の深い軍目付《いくさめつけ》・福原長堯《ふくはらながたか》（三成の妹婿）から、秀吉のもとに寄せられた。怒り狂った秀吉は、戦線縮小を検討する黒田長政、蜂須賀家政、加藤清正、藤堂高虎らを厳しく糾弾《きゅうだん》した。これが三成への強い遺恨《いこん》になったのである。以上の理由は姜沆《きょうこう》の『看羊録《かんようろく》』などの史料に記されており、もっとも有力視されている。

近年の水野伍貴氏の研究によると、七将全員が右の理由によって、三成を襲撃したわけではないという（水野：二〇一六）。というのも、細川忠興、福島正則は文禄・慶長の役の一件には無関係であり、それが原因で三成を襲撃する理由にはならないと指摘する。

ところで、次に触れるとおり、七将が三成を武力でもって襲撃したというのは、誤りであると指摘されている。

✕襲撃はなかった

近年、石田三成襲撃事件は、白峰旬氏（白峰：二〇二〇）、光成準治氏（光成：二〇一八）らによって、詳しく検討されている。改めて確認することにしよう。

襲撃事件の際、実は浅野幸長も伏見に軍勢を率いてやって来ていた。家康は幸長を歓迎し、指示を積極的に与えている。また、加藤清正、蜂須賀家政だけではなく、黒田孝高《よしたか》が伏見に来ていたことも明らかになっている。彼らは、文禄・慶長の役において、三成に遺恨を持つ面々だったといえる。

黒田孝高・長政父子が家康与党として行動していたのは、誠に興味深い。孝高は文禄二年（一五九三）に朝鮮に渡海した際、秀吉が計画した晋州城攻略計画に反対し、石田三成、増田長盛らと激しく対立したという。そこで孝高は、一時帰国して秀吉に相談をしようとしたが、かえって秀吉は孝高が朝鮮から無断で帰国したことを責め、決して面会することはなかった。秀吉は孝高が軍令に従わず、無断で戦線を離脱したと見なしたのである（「益田孝氏所蔵文書」）。

この一件により、孝高は危うく一命を落としかねない状況に陥った。その際、秀吉は孝高や長政のこれまでの軍功を考慮して赦免したが、三成に対して悪い感情を抱いた可能性は高い。三成と作戦をめぐって対立したことは、二人の決裂を決定的なものにしたと推測される。以後、孝高・長政父子は三成らのグループと袂を分かち、家康与党として重要な役割を果たすようになる。

当時、藤堂高虎は大坂にいたとされており、また福島正則、細川忠興は一次史料により、積極的に襲撃に加担した様子がうかがえない。どちらかといえば、三成襲撃に同意したという程度になろう。藤堂高虎、福島正則、細川忠興も、完全に家康の与党だった。とはいいながらも、襲撃の具体的な中身は判明していない。少なくとも、大規模な軍事行動が伴っていたとは考えにくい。

襲撃については、水野氏、白峰氏が具体的に明らかにしており、七将による三成への襲撃もしくは暗殺事件はなかったことが指摘されている。襲撃と言われているのは、三成に政治的責任を負わせて、切腹という制裁を加えるため、訴訟に及んだというのが本質だったという。また、訴訟に際しては、北政所《きたのまんどころ》（秀吉の正室）の仲裁があったことも明白になった。つまり、三成は七将との訴訟に負けて、家康の仲裁によって佐和山《さわやま》城に引退したというのが真相だったのである。石田三成襲撃事件ではなく、石田三成訴訟事件がネーミングとしてふさわしいのだ。

✕家康と輝元、利家のもとで諸大名が系列化

石田三成訴訟事件の以前にも、家康の行動をめぐって、武将らが対立する事件があった。それは秀吉が没してほどなく、家康が無断でほかの大名と縁組《えんぐみ》をしたことであり、それは、文禄四年（一五九五）八月に秀吉が定めた「掟」に抵触するものであった。

秀吉は、大名間の縁組にはあらかじめ秀吉の許可を得ることとし、大名間で盟約を結ぶことを禁じていたのだ。大名間の縁組は、同盟関係の構築につながるからである（一方で、五大老間の婚姻関係による結束を勧めた掟もある）。

家康が婚姻関係を結んだ大名は、伊達政宗、蜂須賀家政、福島正則の面々だった。たとえば、家康と政宗は懇意の間柄であり、堺《さかい》の町衆で茶人の今井宗薫《いまいそうくん》の仲介によって、両者の婚姻が取り結ばれたという（『伊達成実記《しげざねき》』など）。この婚儀に対して、怒り心頭なのが五奉行たちであった。理由は婚儀が秘密裏に無断で実行されようとしたからで、五奉行は「掟」を根拠にして、仲介した宗薫を死罪にすると息巻いてみせた。

ところが、宗薫を死罪とするならば、合戦も辞さないと家康・政宗が強い態度を示すと、五奉行は家康らの強硬な姿勢を恐れて、ついに宗薫を罰することがなかった。結局、家康は慶長四年二月に「掟」への違反を認め、五奉行に対して今後遵守《じゅんしゅ》する

旨《むね》を誓約して決着したのである（「伊藤本文書《いとうぼんもんじょ》」など）。

この事件の背景には、すでに武将間の対立構造が顕在化していた事情があった。水野氏によると、毛利氏と四奉行（石田三成、増田長盛、長束正家、前田玄以）のグループと、前田利家、浅野長政、宇喜多秀家のグループが形成され、家康を牽制する動きがあったと指摘されている（五奉行のなかでは、ひとり浅野長政だけが前田利家のグループに属していた）。一方、縁組問題では家康を支持する大名もおり、池田輝政《いけだてるまさ》、福島正則、黒田如水《じょすい》（孝高）・長政、藤堂高虎、森忠政《もりただまさ》、有馬則頼《ありまのりより》、金森長近《かなもりながちか》、新庄長頼《しんじようながより》らがその主だった面々である。つまり、秀吉没後から権力闘争が繰り広げられ、諸大名たちは家康あるいは輝元、利家のもとで系列化されていったのである。

✕伏見城内の自身の屋敷に逃げ込んだ三成

改めて、石田三成訴訟事件の流れを確認しておこう。事件は、利家が亡くなった翌日の慶長四年閏三月四日に起こった。

事前に七将の動きを察知した三成は、盟友の小西行長《こにしゆきなが》や宇喜多秀家と相談し、さらに佐竹義宣《さたけよしのぶ》の助力を得て、大坂を逃れて伏見城内の自邸に籠もった。ここで七将と三成は双方睨《にら》み合いの状態になるが、家康が両者の和睦を仲介して、劣勢の三成は助かったのである（『慶長見聞書』など）。仲裁が行われたことは、大和興福寺《やまとこうふくじ》・多聞院英俊《たもんいんえいしゅん》の日記『多聞院日記』慶長四年閏三月九日条にも記されており、確かなことである（増田長盛と前田玄以も同じ場所に籠もっていたとの記述がある）。

三成が逃げ込んだ場所は、家康の侍医《じい》・板坂卜斎《いたさかぼくさい》の『慶長年中卜斎記《ねんちゅうぼくさいき》』に「三成は伏見城の西の丸の向かいの屋敷に到着した」と書かれている。軍記物語である宮川《みやがわ》尚古《しょうこ》の『関原軍記大成《せきがはらぐんきたいせい》』にすら、「三成は伏見城内に入って、自分の屋敷に立て籠もった」と記されている。『慶長見聞記』にも三成が伏見城に赴《おもむ》いたことに続けて、「伏見の三成の屋敷は、伏見城の本丸の次の一段高いところにある」と記載されている。

笠谷和比古氏によると、伏見城内には「右衛門丸《うえもんまる》（増田右衛門尉《うえもんのじょう》長盛）」、「大蔵丸《おおくら》（長束大蔵大輔《おおくらのたゆう》正家）」といった五奉行の曲輪《くるわ》が存在していたという（笠谷：二〇〇八）。「治《じ》部少輔《ぶしょう》丸（石田治部少輔三成）」もその一つであった。三成が自身の曲輪にある屋敷に逃げ込んだというのは、疑いないであろう。事件当時、前田玄以が伏見城の在番をしていることも指摘されており、先の『多聞院日記』の裏付けとなる。

窮地に陥った三成があえて家康の屋敷に逃げ込んだという説は、誠に劇的でおもしろくはあるが、現在では否定されている。

事件から約二週間後の閏三月十九日には、蔚山城における一件について調査が行われ、蜂須賀家政、黒田長政、早川長政《はやかわながまさ》らの名誉が回復された。これにより、少なくとも七将は、鉾《ほこ》を収めざるを得なくなった。こうして三成は家康以下「反三成派」の意《い》向《こう》を受け入れ、佐和山城（滋賀県彦根市）へ引退し、政治の表舞台から消えていったのである。

窮地に陥った毛利輝元と四奉行

右に事件の経過を略述したが、近年では光成準治氏らによって、毛利輝元の動きが詳しく検討が行われている（光成：二〇一八）。

三成が襲撃されたことにより、窮地に陥ったのが、毛利輝元と四奉行の面々である。増田長盛も事件に巻き込まれ、より状況が複雑化したので、対処を迫られることになった。

結局、山名禅高《やまなぜんこう》（豊国）、上杉景勝が、三成、輝元、家康の間で仲裁に奔走した。家康は長盛について不問とし、三成ひとりを処分することで解決を図ろうとしていた。処分といっても、切腹などの措置《そち》ではない。しかし、それはあくまで家康の考えであり、七将の出方次第では、変更される可能性もあった。結局は先述のとおり、三成の引退でことが済んだが、そこには秀吉の正室・北政所の仲介もあったといわれている。

事件の終結後、家康と輝元は誓紙を交換し、輝元は家康を「親子」（輝元が子）、家康は輝元を「兄弟」（輝元が弟）と表現した。擬制的な関係・表現であるが、輝元は家康の下に甘んじることになったのである。

家康が勝ち取ったもの

石田三成襲撃事件は、輝元を盟主と仰ぐグループと、家康を盟主と仰ぐグループとの暗闘でもあった。家康を盟主と仰ぐ七将たちは、三成を襲撃したが、実質的に七将は家康の統制下に置かれ、その行動も家康の判断を仰ぐ必要があり、三成の処分についても、家康の意向に沿う必要があった。家康は、七将ら諸大名の掌握《しょうあく》に成功したといえよう。

家康が輝元を屈服させることにより、輝元を中心とする反家康派は急速に威信を失った。それどころか、かつて三成や輝元に与していた三奉行（増田長盛、長束正家、前田玄以）をはじめ、豊臣家の有力な吏僚層（寺沢正成《てらさわまさなり》、小西行長、大谷吉継《おおたによしつぐ》）らは、こぞって家康方に転じた。吏僚《りりょう》層を掌握した家康は、豊臣政権内で確固たる地位を築いたのである。

慶長四年閏三月十三日、家康は伏見城に入城した。その際、尽力したのは七将のほか、豊臣家の吏僚層らである。なお、このあと時を経ずして、家康は前田利長の排除に取り掛かり、翌年には上杉景勝もそのターゲットとなった。

五大老はフラットな関係から家康優位へ

右の経緯があったとはいえ、その後の三成と家康の動静を見ると、必ずしも両者の関係は悪くなかったようである。その点を確認しておこう。

慶長四年九月七日、重陽《ちょうよう》の節句で、家康は豊臣政権の主宰者である秀頼に祝詞《しゅくし》を述べるため、伏見から大坂へと向かった。重陽の節句とは五節句《せっく》（ほかは人日《じんじつ》＝一月七日・上巳《じょうし》＝三月三日・端午《たんご》＝五月五日・七夕《しちせき》＝七月七日）の一つで、陰暦の九月九日のことである。大坂に到着後、家康が宿所としたのは、三成の邸宅であった。三成の大坂屋敷があったのは大坂城三の丸で、現在の大手前高校、大阪府庁に近い至便な場所だった。

同月十二日、家康は三成の兄・正澄《まさずみ》の邸宅に移っている（以上『鹿苑日録《ろくおんにちろく》』）。正澄の邸宅の場所は不明だが、やはり至便な地であったことは疑いなく、『鹿苑日録』には立地条件の良さを家康が選んだ理由に挙げている。その後、大坂城西の丸に移った家康は、家臣の平岩親吉《ひらいわちかよし》を正澄邸に入れ置いた。三成と正澄の兄弟は、大坂を訪れた家康に邸宅を宿所として提供していたわけで、家康との関係が悪ければ、そうしたことはしないはずである。

家康が三成との関係を維持した理由は、ほかの諸大名を取り込むうえで好都合だったからだろう。三成もまた、家康との良好な関係を維持することで、家の存続を図ろうとしたに違いない。

七将による石田三成訴訟事件は突発的に起きたが、家康は事件を解決に導くことにより、豊臣政権内での発言力を高めた。さらに家康は、以後に起こる謀反や他家（宇喜多氏、島津氏）の家中騒動にも積極的に介入し、騒動を解決することによって、豊臣政権内で強い存在感を示したのである。

つまり本来の五大老はフラットな関係だったが、この段階において家康が優位な立場となり、豊臣政権は本来の姿から変質を遂げたといえる。

✕家康の有力大名誘引策

三成の失脚後、家康は有力大名に誓書を送り、互いの親密な関係を強調した。その例をいくつか見ておきたい。

慶長四年（一五九九）閏三月、家康は毛利輝元に対して、「今度の天下の儀（三成の失脚）についてはそれぞれに申し分があるでしょうが、秀頼様に対して粗略な態度を取らないのがもっともなことです。そのようなことで、今後いかなることが起こっても、貴殿（輝元）に対して、裏切りの気持ちがなく、兄弟のごとき関係であることをお伝えします」という内容の起請文を送った（『譜牒余録』）。

三成と輝元は良好な関係にあったが、その事実は家康も十分承知していたことであろう。三成訴訟事件が解決したのち、家康は互いの関係を維持するため、輝元にすかさず誓書を送ったのである。

同様のことは、薩摩の島津氏にも行われた（『薩藩旧記後編』）。家康は島津義弘・忠恒（家久）父子に誓書を送った。要点は、①秀頼に対して疎略な態度を取らないこと、②家康自身が島津氏に疎略な態度を取ったり、裏切ったりする気持ちがないこと、③佞人《ねいじん》が両家の間を妨げるようなことがあった場合は、互いに直接話し合うこと、の三点である。

毛利氏も島津氏も西国の有力大名だったが、家康は厚誼を結ぶため、実質的な豊臣政権の主宰者である秀頼を拠り所にしていたのが注目される。

今後の政治的な展開を考慮すれば、家康はいたずらに軍事的な衝突を繰り返すのは無意味であると考えたのだろう。むしろ、家康は有力な諸大名と良好な関係を築くことにより、自らの権力基盤を固める方策を採用した。とりわけ有力大名に対しては、より慎重にならざるを得なかったと推測される。

一方で、逆に相手から家康のほうに起請文を差し出す場合もあった。東北の有力大名の一人・伊達政宗が該当する。それは、慶長四年四月五日のことだった。起請文の内容は、①家康に対して、裏切りの気持ちがないこと、②機密事項を他言しないこと、③今後いかなることがあろうとも、家康に命を捧げ奉公すること、の三点に要約できる（『伊達政宗記録事績考記』）。

政宗は、秀吉の時代から旗幟《きし》が不鮮明なところがあった。ところが、今回に限ってはいち早く「親家康」という態度を鮮明にし、家康に擦り寄ったのである。

やや時間を置いた同年十一月、細川忠興も家康に起請文を捧げている（『細川家記』所収文書）。一条目は秀頼を取り立てたうえで、家康・秀忠父子を疎略に扱うことがないとし、二条目で親類縁者に至るまで家康に背くことなく、命令に従うことが明記されている。細川忠興もまた、最初から家康与党だった。

このように、家康は形式的には秀頼を立てているが、内実は家康への絶対服従を求めたと考えられる。秀頼が健在とはいえ、家康は少しずつ諸大名を与党として引き入れ、豊臣政権における確固たる支持を得ようとしたのだ。

●コラム●

一次史料と二次史料をめぐって

本著が最初に刊行されたのは二〇一九年のことであるが、以後も関ヶ原合戦に関する書籍、論文が少なからず刊行された（巻末の〔主要参考文献追加〕を参照）。中でも関ヶ原合戦の史料や方法について、積極的な発言を行っているのが笠谷和比古氏である（笠谷：二〇二二）。

プロローグで記したように、関ヶ原合戦については、多くの二次史料の影響によって、歪められた点が多かった。その結果、二次史料をもとにした映画、テレビドラマ、小説によって、歪んだ関ヶ原合戦像が人々の間に広まった。むろん、それらは歴史研究ではなくフィクションであるが、しっかりと人々の脳裏に焼き付いたのだ。その後、いかに研究者が良質な史料に基づき、新たに関ヶ原合戦を論じても、なかなか過去の誤りを払拭するのは難しい。

笠谷氏は『論争　関ヶ原合戦』（以下、特に断らない限り同書の指摘による）で、関ヶ原合戦の方法論について述べている。うち、史料の扱いに関しては、五点にわたっての指摘があるので、私見を述べることにしたい。

笠谷氏が一点目に挙げる「第一次史料原則」は、歴史研究の大原則なので誰もが異論を差し挟まないだろう。一次史料とは、同時代に発給された古文書のほか、日記や金石文などのことである。このうち日記については、記主が直接見聞きしていない伝聞が含まれていることがあるので、使用には注意が必要である。古文書の場合であっても、写ししか残っていないこともあり、史料批判を行わなくてはならない（原本であっても史料批判は必要である）。

二点目の「地形が第一次史料としての有効性をもつ」というのは、歴史学の範疇から外れているので判断は留保する。ただ、地理学、考古学などの成果を援用するならば、それは妥当であると考えるが、ほかの専門分野を援用するには、相当な理解が不可欠である。自説を有利にするため、安易に利用したことで誤りを冒すことがあるので注意が必要である。

三～五点目の指摘は、二次史料の有用性に関わるものである。そのポイントを要約すると、次のようになろう。

①二次史料の使用が排除される傾向にあるが、一次史料では局所的な事実しか確認できないので、全体像を把握するには二次史料の参照、併用が必要である。

②生成の経緯や系統が異なる複数の二次史料で、問題事案について同一の事実

を記している場合は、一次史料に準じる扱いとし、排除すべきではない。

③（二次史料における）芝居がかった話は、嘘とみなして差し支えないという見解は無責任な言説である。芝居じみた話が書かれている二次史料であっても、おおむね信用できるものも存在する。

二次史料は実に多種多様である。諸史料や口伝などをもとにして作成した軍記物語は、代表的なものの一つである。ほかにもある武将が最晩年に至って、自身の来歴や合戦に出陣して戦った模様を記した覚書、あるいは先祖の来歴をたどる家譜のようなものもある。二次史料はそれぞれに執筆された意図や目的があり、バイアスが掛かっていることも珍しくない。

たとえば、覚書や家譜の類は、自身あるいは先祖の功績をたたえる傾向が強い史料である。軍記物語は時系列に沿って、事実を端的かつ的確に記したものもあれば、非常に冗漫でおもしろおかしい話を列挙しているものも珍しくない。

二次史料には良質なものがあり、かなりの部分を一次史料で裏付けられるものもあるが、それならば二次史料でなく一次史料の方を用いればよいだろう。どうしても使いたくなるのは、二次史料の記述のうち一次史料には書かれていない独自の情報である。それが注目すべき事実であれば、なおさらである。近年の新説なるものは、特定の二次史料の記述内容がおおむね信頼に足りうることを前提として、二次史料の記述のうち一次史料では裏付けられない独自の情報を使う傾向がある。

笠谷氏の主張は理解できなくもなく、一律に二次史料を排除するというのは、あまり感心しない。仮に使用するとするならば、当該二次史料の成立の経過や記述の傾向を丹念に精査したうえで、蓋然性のある記述なのかを慎重に検討する必要があろう。覚書に至っては、「本人が言っているのだから、内容は正しいはず」と言われることもあるが、それは誤った認識である。「これは名家に伝来する史料だから、内容は正しいはず」というのも同様である。

したがって、関ヶ原合戦に限らず、一次史料を根本に据え、二次史料はあくまで参考、副次的なものに過ぎないというのは大原則であろう。あらゆる史料の可能性を追求すると言えば聞こえがいいが、その論理展開も含めて、問題のある新説の提起が見受けられるのも事実である。安易にほかの学問分野の成果を援用するというのも危険である。さまざまな史料を検討したうえで、あえて結論を差し控えるというのも正しい判断ではないだろうか。

第二章
上杉景勝の覚悟

⚔ 家康暗殺計画の露見

石田三成訴訟事件から約半年後の慶長四年（一五九九）九月七日、家康は重陽の節句を祝うため、伏見から大坂に入った。すると、五奉行の一人である増田長盛から密告があり、家康暗殺計画のあることが露見した。首謀者は驚くことに五大老の一人・前田利長（このとき、利長は金沢に帰国しており、大坂城にはいなかった）、加担した者は土方《ひじかた》雄久《かつひさ》、大野治長《おおのはるなが》、そして五奉行の一人・浅野長政という面々だった。

土方雄久と大野治長は、ともに秀頼の家臣である。また、浅野長政の子息・幸長の婚約者は利家の娘であり（嫁ぐ前に早世）、利長と利害関係にあった（正妻は、池田恒興《いけだつねおき》の娘）。密かに彼らは、大坂城内で家康を暗殺しようと目論《もくろ》んでいたという。とりわけ雄久と治長が関わっていたことは、豊臣家に累を及ぼす可能性があった。

増田長盛の通報を受けた家康は、ただちに本多正信《ほんだまさのぶ》、本多忠勝《ただかつ》、井伊直政《いいなおまさ》といった重臣を集め、対応を協議した。結果、伏見城から軍勢を呼び寄せて警固を万端《ばんたん》整え、家康の大坂登城は予定通り行うことにしたのである。

無事に重陽の節句を終えると、家康は居所を伏見城から大坂城西の丸に移し、新たに天守を造営した。「家康は伏見城の留守居」とした秀吉の遺言は、没後一年も経たぬうちに家康によって反故《ほご》にされたことになる。

家康が豊臣家の懐《ふところ》の内というべき大坂城西の丸に居所を移したことには、大きな意味があった。笠谷和比古氏が指摘するように、家康は自らが秀頼と並び立つ存在であることを天下に知らしめたのである（笠谷：二〇〇八）。家康は利長らの暗殺計画に乗じて、秀頼の後見、あるいは身を守るという名目で大坂城に入城し、政権内での発言権をいっそう増していこうと考えたのだろう。

前田利長らの屈服

暗殺計画の首謀者と考えられた面々は許されることなく、家康は彼らに厳しい処分を科すべく検討していた。土方雄久、大野治長、浅野長政の処分内容は、次のとおりに決定した。

①土方雄久――常陸国《ひたちのくに》に配流《はいる》。
②大野治長――下総国《しもうさのくに》に配流。
③浅野長政――奉行職を解職。家督を子息・幸長に譲り、武蔵国《むさしのくに》府中の旧家臣屋敷で蟄居《ちっきょ》。

死罪でなかったところを見ると、比較的穏便な措置といえるかもしれない。厳しい処分を科して、豊臣家をいたずらに刺激しないという配慮であろう。三人に対しては、比較的軽い処分を科《か》すに止めたが、家康は前田利長に対しては、強硬な態度で臨《のぞ》んだ。

同年十月三日、家康は諸大名に対して北陸出兵を指示し、利長の討伐《とうばつ》を命じた。家康暗殺計画に加えて、利長が城を修繕し、武器を集めていることに謀反の嫌疑をかけたのである。家康出兵の報せを耳にした利長は、驚愕するしかなかった。そこで、家臣の横山長知《よこやまながちか》を大坂の家康のもとに派遣し、謀反の意志がないことを釈明した。

どうにか謀反の嫌疑は晴れたものの、家康は一つの条件を提示した。それは、利長の母である芳春院《ほうしゅんいん》（まつ）を江戸に人質として送るというものであった。窮地に追い込まれた利長は、渋々ながらも応じざるを得なかった。

ところが、追及の手は利長だけに止まらない。次に家康は、利長と細川忠興が謀議に及んだと疑い出したのである。忠興もまた驚愕せざるを得なかった。このときは、忠興の父である長岡幽斎《ゆうさい》が異心なき旨を家康に誓うことにより、どうにか難を逃れた。忠興に嫌疑が掛けられたのは、子・忠隆《ただたか》の妻が前田利家の娘・千世《ちよ》だからだった。

こうして、家康は疑わしい人物を次々と詰問《きつもん》した。家康が利長を攻撃しようとしたのは、彼が大身《たいしん》の大名で、強大な軍事力を動員できる点にあったと考えられる。その背景には、家康の「豊臣政権を支える」という名目があった。利長を封じ込めれば、ほかの大名の統制がやりやすくなる。本気で討伐しようという気はなかったのかもしれない。

同時に有効だったのは、秀頼を支える家康に叛旗を翻すことは、それがそのまま秀頼への背反《はいはん》につながるという論理であった。家康は秀頼を自身と一体化させることにより、豊臣政権内で権力を保持したのである。こうして家康は、利長を屈服させることに成功した。同時に、家康のもとで軍事力を動員できることも確認された。家康の威勢は、ますます天下の認めるところとなったのである。

近年、「加賀征伐」虚構説が提唱されたが、その点については、水野伍貴氏の二つの論文によって明確に否定された（水野：二〇一九。二〇二二）。家康が前田利長を討伐しようとしたのは虚構ではなく、事実である。

✕「直江状」とは何か

次に家康のターゲットになったのが、会津《あいづ》の上杉景勝である。その要因になったのが「直江状《なおえじょう》」であり、家康は無礼な書面を一読して激怒し、景勝の討伐を決意したという。ここで、「直江状」について考えてみよう。

慶長四年、景勝は新たに入部した会津支配のため、国許へと戻っていた。翌年、景勝が神指城《こうざし》（福島県会津若松市）の築城に取り掛かったことなどで、謀反の噂《うわさ》が流れると、家康は何度も上洛を促《うなが》した。それには、五大老としての職務を全《まっと》うさせるという意味も含まれていた。この間、越後《えちご》の堀《ほり》氏や景勝の旧臣である藤田信吉《ふじたのぶよし》は、景勝に謀反の意があると讒言《ざんげん》に及んでいたという。

しかし、一向《いっこう》に景勝が上洛要請に応じないので、家康は政僧・西笑承兌《さいしょうじょうたい》に命じて、改めて上洛を促す書状を書かせた。慶長五年（一六〇〇）四月一日、徳川家康から上洛を迫られた景勝は、家臣・直江兼続《かねつぐ》に命じて西笑承兌宛てに返書を送らせた。それが「直江状」である。痛快きわまる内容でもって、家康に挑戦状を叩き付けたと評価されている。たとえば、明治・大正時代に活躍したジャーナリストの徳富蘇峰《とくとみそほう》は、手放しで賛辞を送った。

「直江状」は非常に長文であるが、要点を取り上げると、景勝に謀反の意志はなく、堀氏らの讒言の真偽《しんぎ》を究明し、真相を確かめることを要望している。また文面には、家康に対して挑発的な文言が見られる。結果、景勝は上洛を拒否。同年六月、激怒した家康は、ついに会津征討を決意することになった。

✕今も続いている真贋論争

「直江状」は原本が伝わっておらず、多くの写本が残っているに過ぎない。しかも、その写も内容の異同が多く、研究には困難が伴った。上杉氏の古文書集『歴代古案《れきだいこあん》』にも写が収録されている。上杉氏の古文書集に「直江状」の写が収録されているのだから内容は正しいはずで、問題はないとする意見もある。いずれにしても、内容のユニークさも相俟《あいま》って、「直江状」をめぐって真贋《しんがん》論争が巻き起こった。

「直江状」は古くから根拠らしい根拠も示されず、好事家《こうずか》の偽作などと指摘されてきた経緯がある。その後、書状の文言が精緻に分析され、不審な文言が見られることから、改めて後世の偽作であると指摘された。しかし、近年では追而書《おつてがき》（追伸の部分）は後世に挿入されたものとしながらも、全体として信頼できるとの説が有力になった経緯がある。評価は二転三転しているのである。

直江状は中世の古文書のようにわかりづらい内容ではなく、比較的読みやすい。それゆえ、近世の往来物《おうらいもの》（手習いの模範文例集）としても活用されてきた。内容は非常に饒舌《じょうぜつ》で、上杉氏が上洛できない理由などを詳細に取り上げており、戦国時代の古文書でここまで内容がわかりやすく、事の顚末《てんまつ》を詳しく記したものは例を見ない。それゆえ、後世の事情を詳しく知る人物による創作である可能性も否定できず、偽文書の可能性が捨て切れないのである。

✕「直江状」偽作説

よう。「直江状」に関しては、多くの研究者が論じているので、主だった説を取り上げてみ

桑田《くわた》忠親《ただちか》氏は、「直江状」を「後世の好事家の創作」と評価した（桑田：一九七八）。二木謙一氏も「『直江状』と称する古文書までが偽作されたほどである」と述べている（二木：一九八二）。いずれも印象批判に止まっており、詳しい分析はないが、数多くの古文書を読んできた研究者からすれば、一見しただけで偽物と判断されたのだろう。

これに対して中村孝也氏は、「直江状」は釈明を行ったというよりも、むしろ家康に対する非難であり、上杉方が家康に歩み寄る姿勢は一切見られないと指摘する。兼続は主君の景勝とともに徹底抗戦をすでに決定しており、もはや和睦を考える余地すらなかった。中村氏は上杉氏が和睦を望まないという前提に立って、もし「直江状」が本物であるならば、上杉方が家康に釈明を行っているのは極めて不審であるとし、「直江状」はのちの人の偽作であると断じた（中村：一九八〇）。中村氏は「直江状」の文言に踏み込んでまでは分析していないが、当時の政治情勢を勘案し、偽文書と断

じたと推測される。

以上のように、「直江状」の評価は漠然としたものではあったが、後世の偽作あるいは創作とする説がほぼ定着した。右の大物研究者の発言は、以後も大きな影響力を持ったといえよう。

⚔「直江状」肯定派①

その一方で、徐々に肯定的な意見も聞かれるようになっていった。

渡辺三省《わたなべさんせい》氏は「直江状」の前後の傍証《ぼうしょう》がはっきりとしており、内容も当時の事情と矛盾《むじゅん》するところがなく、上杉氏の立場をよく示しているので、偽文書ではないと主張した（渡辺：一九八〇）。「直江状」の内容は非常に詳しく経緯が書かれているので、その部分を評価したのだろう。

前提としては、そもそも景勝が家康と五大老同士という対等の立場にあったこと、また兼続と三成の事前盟約を否定するために、ことさらほかの研究者が「直江状」を偽文書としているのではないかと渡辺氏は主張する。兼続と三成の事前盟約については、改めて述べることにしよう。

笠谷和比古氏は、『古今消息集《ここんしょうそくしゅう》』所収の豊臣家中老奉行連署状の文面と「直江状」

の文面が一致することから、「直江状」の内容は信頼してよいとするが、追而書はのちに偽作挿入《そうにゅう》された可能性もあるとする（笠谷：二〇〇八）。つまり、一定の留保付きの肯定ということになろう。

桐野作人《きりのさくじん》氏は「直江状」を肯定的に捉えており、その理由は次の三つに集約される（桐野：二〇〇八）。

①江戸時代中期以降の写は、文法が戦国期や江戸初期と異なるが、それだけで偽文書と決められないこと。

②重臣宛の慶長五年（一六〇〇）六月十日付上杉景勝書状（『歴代古案』）が「直江状」の趣旨に酷似しており、「直江状」は景勝の心中を察した兼続が作成したと考えてよいこと。

③追而書については、後世の偽作の可能性があること。

笠谷氏と同じく、追而書については偽作の可能性があるとしながらも、おおむね信頼できるとの評価をしている。

✕「直江状」肯定派②

山本博文《やまもとひろふみ》氏は、「直江状」が美文調であることや文言に不審な点などがあるものの、次のような視点から検討を行った（山本：二〇〇九）。

①「直江状」に後世の人の手が加わった可能性は否定できないが、当事者しか知りえない情報があるので、兼続が書いた原本または写が存在したと考えられること。

②「直江状」に「榊原康政《さかきばらやすまさ》が徳川方の取次《とりつぎ》であれば、景勝の逆心《ぎゃくしん》が明らかでも、意見するのが侍の筋目だ」とあるのは、取次に期待された行動が正確に記されており、後世の人には書けないこと。

③「直江状」の追而書は、後世の人が書き加えた可能性が高いこと。

以上の三つの理由から、一概に「直江状」を偽文書と捨て去ることはできないと指摘しているが、「直江状」の追而書は後世の人の偽作と考えている。

今福匡《いまふくただし》氏は「直江状」について、次の二つの指摘を行った（今福：二〇〇八）。

①「直江状」の文言は、西笑承兌書状にも出てきており、その詰問に答える形で構成されていること。

②「直江状」の追而書は、後代に偽作挿入された可能性があること。

①はこれまでになかった見解で、「直江状」は上杉方の考えを一方的に述べたのではなく、あくまで承兌の一つ一つの問いに対して、回答しているということである。

なお、「直江状」の追而書は、これまでの論者と同じく、後代に偽作挿入されたと考えている。

さらに、今福氏は伝来する「直江状」の写を検討し、次の二つの指摘をした。

①下郷共済会所蔵《しもごうきょうさいかい》の写の表現が簡素であること。

②十六ヵ条そして追而書がないものがポピュラーであったこと。

「直江状」には多くの写があると述べたが、どの写を参照すべきかは、これまで特に論じられてこなかった。今福氏は、直江状の日付から四十年後の寛永《かんえい》十七年(一六四〇)二月二十七日に書写された、最古の写である下郷共済会所蔵の「直江状」を評価した。結論として今福氏は、「当時のままの字句ではない」という条件をつけ、「直江状」の存在を容認したいと述べている。

白峰旬氏は、「直江状」の写や文言を分析する一方で、これまでにない見解を提示している。すなわち「直江状」とは「兼続の家康への大胆不敵な挑戦状」ではなく、「上杉家と堀家の係争の事案に関するもの」であったということである。上杉氏は会津に移る際、越後の百姓を引き連れ、また米も持って行くなどしたので、あとに越後へ入封《にゅうほう》した堀氏と揉《も》めていた。その点を重視したのである。

白峰氏は「直江状」は、堀氏が上杉氏の動きを報告し、その讒言を一方的に受け入れた家康に対して、上杉氏は釈明をしたと指摘する。兼続が家康に求めているのは公正な裁定であり、それが受け入れられないならば、景勝は上洛できないというのが「直江状」の趣旨であると述べている（白峰：二〇一一：「直江状についての書誌的考察」）。

✕再び「直江状」への疑義

「直江状」について、もっとも子細に分析し、内容に疑義《ぎぎ》を唱えたのが宮本義己《みやもとよしみ》氏の一連の研究である（宮本：二〇〇八、二〇一二）。宮本氏は、当時の政治的状況などを十分に踏まえて、これまでの「直江状」の研究を一新した。以下、その要点を記しておきたい。

第一に宮本氏が注目したのは、書かれた文言である。敬語の使い方や書札礼《しょさつれい》（手紙の様式）に加え、通常はなじまない用語について疑問点を指摘している。先述のとおり、漠然とした意味で偽文書と指摘する論者はいたが、具体的に多くの事例を取り上げたのは、宮本氏が最初ではないだろうか。

たとえば、増田長盛と大谷吉継の二人に対しては、「増右」「大形少」と言った省略形を用いており、「増田右衛門尉《えもんのじょう》殿」「大谷刑部少輔《ぎょうぶのしょう》殿」と書いてはいない。つまり、豊臣政権を担う人物に対して、きちんとした敬称を用いないのは無礼であり、兼続はいささか常識からかけ離れた表現をしていた。

慶長五年四月八日付の島津家久書状によると（『旧記雑録後編《きゆうきざつろく》』）、来る慶長五年四月十日に伊奈昭綱《いなあきつな》と河村長門《かわむらながと》の二人が会津に向かうため、伏見を出発する予定だったことが判明する。「直江状」の前書によると、二人の使者が会津に到着したのは四月十三日になっているので、わずか三日で到着したことになる。当時、京都から会津に行くには、二週間前後はかかるので、大いに不審である。このような理由もあって、「直江状」の内容に疑義を提示している。

宮本氏の結論は、「直江状」が偽文書というよりも、後世の人物による改竄《かいざん》あるいは捏造《ねつぞう》であると指摘する。

✕偽文書あるいは創作か

「直江状」の評価は偽文書説からはじまり、やがて肯定に転じ、留保付きの肯定が主要な説となった。そして再び後世の捏造、改竄という説が提起された。

筆者の印象としては、「直江状」が読みやすい点に不審を覚える。概して中世の古文書は非常に内容が抽象的で、背景をある程度理解していないと読みづらい印象がある。言葉も難解なものが多く、それもまた内容の理解を妨《さまた》げる要因である。一方、「直江状」は往来物のテキストになるほど、用いられた言葉も比較的身近なもので、非常に内容がわかりやすい。

また、これだけ長文でかつ微に入り細を穿ち、詳しい事情を語っている史料も珍しいといえる。当時でも長文の文書は珍しくないが、「直江状」はそれぞれの説明があまりに丁寧である。しかも、同じような内容の繰り返しも非常に気になる。関ヶ原合戦に関わる書状の写には似たような例が多く、疑問視されるものも少なくない。

宮本氏の文言上の指摘も勘案すると、「直江状」を当時の古文書とするには、いささかの疑念を持たざるを得ない。つまり、留保付きの肯定ではなく、「直江状」は後世の創作、捏造、改竄であると疑わざるを得ない。いずれにしても、「直江状」の真偽を確かめるためには、原本の出現を待つしかないだろう。

「直江状」の有無は別として、家康による会津征討は既定路線だった可能性が高い。後述するが、上杉景勝の家臣だった藤田信吉が三月に家康のもとに出奔《しゅっぽん》してきたことと、堀秀治《ほりひではる》が上杉景勝の数々の不穏な動きを報告してきたことは、家康が景勝に不信感を抱く要因になった。会津征討が六月になったのは、合戦準備および上杉氏の情勢を見極める期間だったと考えられる。

✕家康にとって残る難敵は景勝

徳川家康は慶長五年（一六〇〇）六月に上杉景勝を討伐すべく、会津に向けて出陣した。結果的に、会津征討が関ヶ原合戦を引き起こす要因となったのは事実である。会津征討に踏み切った家康の心境とは、どのようなものだったのか。少し時間を巻き戻して考えてみよう。

慶長三年八月の豊臣秀吉の死後、家康は着実に地歩を固めたといってよい。翌年閏三月、石田三成を七将による訴訟事件に乗じて逼塞《ひっそく》に追い込み、同時に毛利輝元を屈服させることにも成功した。

さらに九月には、五大老の前田利長による家康暗殺計画が露見すると、芋づる式に縁者で五奉行の浅野長政らにも嫌疑を掛けた。結果、利長は家康の前に屈し、長政も武蔵国府中に流された。同年末から慶長五年初めにかけて、宇喜多秀家の家中では騒動が勃発《ぼっぱつ》して混乱していた。家康にすれば、五大老らの面々が弱体化していったので、豊臣政権の主導権を握る好機と考えたに違いない。

すでに三成、浅野長政を除く三奉行（増田長盛、長束正家、前田玄以）は家康派に転じていたので、残る難敵は上杉景勝だった。まずは、景勝討伐の軌跡を確認しておこう。

景勝の新城築城と藤田信吉の出奔

慶長三年一月、まだ秀吉が元気な頃、景勝は越後から会津へと国替えを命じられた。景勝の移封は、東北の押さえを期待されてのものだろう。二年後、景勝は会津に帰国し、急ピッチで領国内の整備を行った。

慶長五年二月十日、景勝は神指城の築城を直江兼続に命じた（『会津旧事雑考《きゅうじざっこう》』）。兼続は弟の大国実頼《おおくにさねより》を作事《さくじ》奉行に任命すると、三月から大規模な工事を開始した。動員された人夫は八万人（あるいは十二万人）といわれており、会津・仙道・佐渡・庄内・長井などの広い地域から徴集された。八万人（あるいは十二万人）というのは信じ難い数であるが、それほど大規模な動員だったということだろう。

築城の計画は神指村など十三ヵ所の村々を強制的に移転させ、新たに城下町を作るなど壮大なものであった（「塔寺八幡宮長帳《とうでらはちまんぐうながちょう》」）。この計画は領国支配を円滑に進めるためのものだったが、家康をいささか刺激したようである。築城と城下町の規模拡大が、戦争準備と受け取られてしまったのだ。

加えて景勝の立場を悪くしたのが、重臣・藤田信吉が出奔して裏切ったことだった。信吉は、直江兼続と比肩《ひけん》するほどの重臣であった。慶長五年一月、信吉は家康に年賀の祝詞《しゆくし》を述べるべく、上杉家の使者として上洛した。その際、徳川家への奉公を誓った信吉に対して、家康は刀や銀を与えた。奉公を誓ったというのは、「上杉家が」というよりも信吉自身だった。

その結果、会津に帰国した信吉は、家康から刀などを与えられたことが家中で問題視され、討伐されそうになったのである。

×「手土産」だった上杉謀反の密告

同年三月十五日、ついに居づらくなった信吉は、上杉家から出奔する。会津から逃亡し、同年三月二十三日に江戸に到着した。江戸で徳川秀忠《ひでただ》と面会した信吉は、景勝に謀反の意があると報告した。この一連の動きが、会津征討につながったというのである。

光成準治氏によると、信吉が上杉家を出奔した理由は、次の三つに整理される（光成：二〇一八）。

①景勝の会津移封《いほう》後、信吉は津川《つがわ》（福島県阿賀町）という辺境の地に追いやられてしまったこと。

②会津移封後、兼続の執政《しっせい》体制が強化されたこと。

③慶長二年（一五九七）の家中改易《かいえき》後、信吉と友好関係にあった国人《こくじん》らは、景勝・兼続体制に従属させられたこと。

信吉は自らの能力を生かせる場を探し求め、徳川家に仕えることを誓ったのである。もともと信吉は甲斐《かい》の武田《たけだ》氏に仕えており、天正十年（一五八二）三月の武田氏滅亡後に上杉家に仕えた。上杉家中において、信吉はまったくの新参だった。いかに重用《ちようよう》されていたとはいえ、右の経緯から強い危機感を感じたのだろう。

ただ、「手ぶら」で家康のもとに出奔するのは、いささか芸がない。真偽は不詳なところもあるが、「上杉謀反」という密告こそが、家康に対する良い「手土産」になったと考えられる。

✕堀氏が報告した上杉の不穏な動き

景勝謀反の情報に関しては、景勝のあとに越後に入部した堀秀治からも寄せられていた。景勝が移封になった会津には、前任者の蒲生秀行《がもうひでゆき》が立ち去ったあと、越後など景勝旧領の年貢が運び込まれたという。これは、明確なルール違反だったといえる。旧領の百姓や年貢を前任者が持ち去ることは、新たに入封した者にとって死活問題だったからだ。

慶長三年六月、秀治が越後に入部すると、すでに米などは持ち去られたあとであった。秀治が困惑したことは、想像に難くない。同年秋には年貢の徴収が行われる予定だったが、その間をしのぐために、秀治は上杉家から米を借用するほど、事態は深刻であった。困惑はやがて怒りに転じたと推測される。

ではルール違反を犯した上杉氏には、何か意図があったのだろうか。初めて移封となった上杉氏に、特段の意図があったようには思えない。また、いまだ兵農未分離だった当時において、兵と農を明確に区分することは困難だった。年貢の持ち出しも、当座をしのぐために必要だったといえるかもしれない。

ただ、堀氏も手をこまねいているわけにはいかなかった。これまで以上に百姓一人当たりの年貢負担を大きくし、なんとか財政を好転させようとしたと考えられる。財政難だけに、窮余の策だった。そのことが原因となり、会津征討中止後の慶長五年八月に越後一揆が勃発し、秀治は事態の収拾に奔走を余儀なくされた。

苦境に陥っていた秀治が、景勝に悪い感情を抱くのは、自然なことであった。慶長五年二月、秀治の家老・堀直政《ほりなおまさ》は、徳川家康に上杉家の不穏な動きを報告した。その内容とは、次の四つに整理されよう（『会津陣物語《あいづじんものがたり》』）。

①全国から名のある牢人《ろうにん》を召《め》し抱《かか》えたこと。
②人夫約八万人（あるいは十二万人）を動員して、神指城を築城したこと。
③道や橋の整備を行ったこと。
④おびただしい量の馬、弓矢、鉄砲の武具を準備したこと。

①については、上杉家が召し抱えている正規の兵だけでは不足するので、牢人を召し抱えて補充したことになろう。②もかなりの大人数だが、先述した大規模動員である。③は道や橋を整備して、各地に侵攻するルートを築いたという解釈である。④については、もはやいうまでもないだろう。

景勝の動向を報告し続けていた堀氏

①〜④により、上杉氏が合戦の準備を進めているというのは明白である。そして、もっとも重要なことは、『会津陣物語』の次の記述である（現代語訳）。

殊《こと》に越後は上杉氏の旧領なので、国中の民・百姓が景勝を父母のように慕っている。これにより一揆を起こされることを気遣って、枕を傾けて眠ることができず、もし公儀（豊臣家）がなおざりに考えて措置が遅れたならば、天下の大事になるということを家老の堀直政が注進した。

堀氏は景勝の軍備拡張に加え、越後国内の一揆勃発という危険性を切々と家康に訴えたのである。

堀氏の報告は慶長五年二月のこととされているが、この点については、水野伍貴氏の次の二つの指摘がある（水野：二〇一六）。

①『看羊録《かんようろく》』（姜沆《きょうこう》著）の記述によると、慶長四年十月に家康が加賀の前田利長を征伐しようとした際、堀氏は景勝の不穏な動きを何度か報告していること。

②慶長五年一月に藤田信吉が上洛して家康に年頭礼を述べた際、家康は景勝の上洛を促していること。

水野氏は右の二点を指摘し、これより以前に堀氏の報告がなされたと考えている。

堀氏が景勝の動向を家康に報告したのは、慶長五年二月が初めてではなく、それ以前に遡《さかのぼ》ることができる。堀氏が越後に入部した直後には、景勝が領内の年貢を会津に持ち去ったことが発覚した。以後、堀氏は財政難に悩まされていたのであるから、折に触れて家康に窮状を訴えていた可能性は高いといえよう。

景勝は家康を「敵方」と認識

水野氏は、もう一つ重要な指摘を行っている。それは、利長と景勝が盟約を結んでいるという風聞が流れていた可能性である。家康が上杉氏の討伐を決意したのは、前田氏との盟約が遠因だったという。それは、『看羊録』などの二次史料に書かれたものであるが、もう少し検討してみよう。

慶長四年八月に景勝が会津に戻って以降、何度か家康と書状のやり取りをしているが、二人の関係は極めて良好だった様子がうかがえる。しかし、家康は景勝と良好な態度を取り続ける一方、出羽《でわ》山形の最上義光《もがみよしみつ》に堅固《けんご》な構えが重要であることを説き、出羽角館《かくのだて》（秋田県仙北市）の戸沢政盛《とざわまさもり》には、奥羽の政情を報告するように求めている。越後の堀氏に対しても、同様に考えてよいだろう。むろん、討伐の対象は景勝だけではないかもしれないが、家康が盛んに奥羽の情勢を気にしていたことがわかる。

慶長五年二月の段階で、景勝が発給した文書には、すでに「敵方」という文言を確認できる（『上杉家御書集成《ごしょしゅうせい》Ⅱ』）。「敵方」とは、いうまでもなく家康のことだろう。これ以前に堀氏が景勝の謀反の意を家康に報告していたならば、この頃には景勝の耳に入っていた可能性がある。景勝は改めて城の普請《ふしん》を進めるよう命じているが、もう家康とは敵対関係に入っていた証になる。

上杉氏が家康を敵と定めたのは、先述のとおり慶長五年二月以前に堀氏が景勝の動向を家康に報告したことと関係がある。上杉氏は堀氏の関係がこじれたことによって、家康から嫌疑を掛けられた。それゆえに、景勝は家康を「敵方」と認識し、有事に備えたのだろう。

その後、景勝は赤津《あかつ》城（福島県郡山市）の普請を急ピッチで進めるが、これは来るべき家康の襲来を予想してのことと推測される。

以降の景勝は防御態勢の構築に専念する。慶長五年五月、すでに家康は周辺国に動員を命じ、会津の包囲網を築いており、出馬の意向を示している。前田利長を追いつめた際も、同様の手法で加賀の周囲に包囲網を形成していた。まったく同じ手法を用いたのは、景勝の屈服を期待してのことに違いない。

利長と景勝が盟約を結んだという一次史料はないが、家康は利長を屈服に追い込みながら、景勝にも不審の念を抱いていたのは確かだ。諸大名（戸沢氏、堀氏）に厳重な監視や報告を求めたのはその証左であり、利長との盟約を疑っていたのである。したがって、利長と景勝の盟約が風聞として流れたものであっても、家康に警戒心を抱かせた可能性が高い。家康が以後も東北の諸大名の動静に注意を払っていたのは、風聞に対する疑念が晴れないからだった。

✕家康の狙いと景勝の覚悟

秀吉亡き後の豊臣政権の運営は、五大老と五奉行によって担われたが、それまでの遺恨などがあり、必ずしも一致団結していたわけではない。これまで述べたとおり、輝元と三成を中心とするグループと、家康を中心としたグループとの暗闘があった。そのなかで、誰が豊臣政権の主導権を握るのかが鍵だった。

そうした情勢下で、家康は名立たる諸大名を屈服させてきた。とはいえ、それが家康個人の私利私欲のみに基づくものかといえば、話は別であろう。少なくとも、家康は豊臣政権の安定を望んでおり、必要以上の武力による解決を望んでいなかった。それは、ややもすれば、私闘になりかねないからである。私闘には大義がない。

では家康の真意はどこにあったのか。結果を知る現代のわれわれから見れば、家康が豊臣政権を簒奪《さんだつ》し、来るべき江戸幕府の開幕に備えたと見るのが自然なのかもしれない。しかし、家康は五大老の一員であり、五奉行も豊臣政権内で比肩する地位にあったことを忘れてはならない。家康の目的は豊臣政権を打倒するというよりも、豊臣政権内での発言権を大きくすることにあった。目的達成の第一歩が、豊臣政権内における家康与党の形成である。

秀吉の死後、家康は石田三成や前田利長を屈服させ、同時に自らを慕う諸大名の与党の形成に成功した。五大老のうち、宇喜多秀家は家中騒動で自壊し、残る五大老の面々は上杉景勝、毛利輝元だけになった。家康は彼らを屈服そして従属させ、豊臣政権内に確固たる地位を築こうとしたと考えられる。ただ、それまでと違っていたのは、上杉氏が容易に従うことなく、戦いをも辞さない構えを見せたことだった。

そもそもの会津征討の発端《ほったん》は、景勝が上洛して五大老としての役割を果たさなかったことにある。これは秀吉の遺命に背《そむ》くことで、豊臣政権の基盤を揺るがす問題だった。家康は景勝が上洛に応じなかったことに乗じて行動した感がある。

以降、藤田信吉や堀秀治による「景勝に謀反の意あり」の報告を受け、景勝の築城や軍備増強などを問題視した。家康はその説明を求めるために上洛を促したが、景勝には戦うよりほかに選択肢はなかったといえよう。もはや家康の専横に対し、武力で阻止するしかないと、景勝は覚悟を決めたのではないだろうか。

家康が秀頼の許可を取ったうえで、会津征討に及んだのかは判然としない。しかし、家康が秀頼の臣下であるならば、許可を取ってしかるべきであろう。そして、出陣に際しては秀頼の意を奉じる形ではなく、あくまで自身の判物《はんもつ》(命令を伝える下達文書)

で諸大名に軍事動員をかけた。前田利長のときと同じく、それは家康の威勢を知らしめるのに絶大な効果があった。

家康は景勝を問責《もんせき》することにより、従わせることができれば十分だったのかもしれない。景勝が全面戦争に臨んだのは、かえって家康の思う壺だったようにも思える。というのは、家康が武力でもって上杉氏を屈服させることに成功すれば、豊臣政権における地位がゆるぎないものになるからだ。一方の景勝の本意は、五大老の一人として、豊臣政権内における家康の台頭を阻むことにあった。

「東西挟撃作戦」はあったのか

慶長五年（一六〇〇）六月、上杉景勝は徳川家康からの上洛要請を拒絶し、対決が決定的になった。そして、いよいよ会津征討が敢行される。

こうした政治情勢のなかで、よく指摘されるのが、景勝と家臣の直江兼続が石田三成と事前に盟約を結んでおり、景勝の上洛拒絶から家康の会津征討の流れは、両者による「東西挟撃作戦」の一環だったという説（事前盟約説）である。景勝は無謀な戦いを決意したのではなく、計算ずくだったというものだ。

この説の根拠になっているのは、国枝清軒《くにえだせいけん》著『続武者物語《ぞくむしやものがたり》』所収の（慶長五年）六月二十日付石田三成書状（直江兼続宛）である。家康が伏見城を発ったのが六月十八日だったので、絶妙なタイミングで送られた書状だった。次に、内容を現代語訳にして示しておこう。

先日、御細書《ごさいしょ》（細かく内容を記した手紙）を預かり返事をいたしました。家康は一昨日の十八日に伏見を出馬し、かねてからの作戦が思うとおりになり、天の与えた好機と満足に思っております。私も油断なく戦いの準備をいたしますので、来月初めに佐和山を出発し、大坂へと向います。毛利輝元・宇喜多秀家そのほかは、無二《むに》の味方です。会津方面の作戦を承りたく思います。中納言《ちゅうなごん》様（景勝）にも手紙を送っています。しかるべき御意《ぎょうい》を得るようお願いする次第です。

傍線部を見ればわかるとおり、家康を挑発して会津征討に向かわせるのは、以前から考えていた作戦であるというのである。兼続が家康を「直江状」で怒らせたのは作戦であり、家康がまんまと乗ってきたということになろう。一見すると、「さすが景勝！」といいたくなるが、この書状にはいくつかの疑問が寄せられている。

✕三成書状の疑問点

中村孝也氏は、この書状について疑わしいと指摘する（中村：一九八〇）。理由は、『続武者物語』が延宝《えんぽう》八年（一六八〇）十月に成立した編纂物で、内容はさまざまな所伝を年次不同で編集した書物に過ぎず、史料の価値は同年成立の同じく国枝著『武辺咄聞書《ぶへんばなしききがき》』と大同小異で信用できないからだという。

両書は数々の大変ユニークな逸話を載せているが、史料的な裏付けが取れない話が多いと研究者の間で指摘されており、到底信を置くことはできない。

この書状のあとに、（慶長五年）七月十四日付三成書状（兼続宛）が収録され、越後口の攪乱《かくらん》作戦について述べているが、中村氏は同様に信憑性《しんぴょうせい》に欠けると評価している。その三成の書状は、六月二十九日に発せられた、兼続の書状に対する返書である。

同書状の内容は、敵の侵攻に備えて諸口を防備すること、越後は景勝の本領であることについて、秀頼の内意を得ていることが記されている。そして成り行きによっては、景勝が越後に残した牢人を手なずけることが肝要で、越後の堀秀治も豊臣方に志があるという。

すでに述べたとおり、景勝が会津に移る際、年貢米などを持って行ってしまったので、秀治は非常に腹を立てていた。一方で後述するとおり、堀氏は豊臣方に志があることを報告していたことがわかっている。とはいうものの、あまりに作戦が緻密かつ具体的で、不審を覚えるのは事実である。何よりも、事がうまく運んだ場合、越後を景勝に与えるというのはいささか都合が良すぎる。その条件で、堀氏が納得するのだろうか。

✕三成書状は偽文書か

今井林太郎《いまいりんたろう》氏は、五月以前に三成と兼続との間で策謀をめぐらした証拠がないこと、むしろ景勝が家康と戦う決意をしてから、提携を結ぶべく連絡を取り合ったと指摘する。また、「書簡の用語に疑わしい点」があることから、後世の人の偽作であろうと否定的な見解を示している（今井：一九六一）。この書状以前に三成と景勝が策謀したことを示す史料がない以上、事前盟約説は認められないということになろう。

当時、大坂から会津まで行くには、約二週間もかかった。この書状には「先日」とあるが、具体的に受け取った日が書かれていない。いずれにしても、手紙をやり取りしている間に情勢の変化も考えられるのだから、仮に密約があったとしても、かなり綿密かつ周到な準備が必要だった。現実問題として、挟撃は至難の業《わざ》ではなかったのか。

原文にある「天ノ與《あたえ》ト」であるとか、「無二ノ味方」などの表現はいささか違和感が残るが、近年になって、三成が右の文言がある文書（『真田家文書』）を発給していたことが明らかにされている（太田：二〇〇九）。少なくとも「天ノ與ト」という文言は、偽文書の証拠にはならないようである。

しかし、史料中には「越境」「手段」など当時の用例がない文言が見られるので、創作されたものか偽文書の可能性が高いと指摘されている（太田：二〇〇九）。どう考えても、この書状には全体的な違和感が拭いきれないのである。

✕兼続への責任転嫁

ほかに事前盟約説を採用するものに、編纂物の『会津陣物語』がある。水野伍貴氏の指摘によると、同書は上杉氏が徳川氏に敵対行動を取った責任を直江兼続ひとりに押し付けようとして、上杉氏にゆかりのある筆者の杉原親清《すいばらちかきよ》により、創作された可能性が極めて高いとする（水野：二〇一六：『秀吉死後の権力闘争と関ヶ原前夜』）。この点は、もう少し説明が必要だろう。

先に取り上げた「直江状」は、上杉方の文書集『歴代古案』に写が収録されている。上杉方の文書集に載っている以上、「直江状」は本物だったに違いないという論者がいるほどである。しかし、文書集などが、史料を収録した意図を汲み取らなくてはならないだろう。『会津陣物語』、『歴代古案』の編纂には、上杉方の人物が関与しているからである。

水野氏は、『会津陣物語』の記述には、会津征討前の景勝が戦いに主体的に取り組んだように描かれていないと指摘する。むしろ主体性があるのは兼続で、三成と事前に密約を結ぶなど、対家康の急先鋒として描かれている。また、兼続は上杉氏の重臣として位置づけられているが、人間性は横柄《おうへい》で、好人物ではない印象が強く残る。

結論をいえば、『会津陣物語』の内容は、上杉家は兼続によって家康との戦いを強いられたのであって、決して景勝の判断ではなかったとしている。それは、兼続が執筆した「直江状」も同じ位置づけということになろう。

兼続が亡くなったのは、元和《げんな》五年（一六一九）十二月十九日のことだった。不幸なことに兼続は継嗣《けいし》に恵まれず、直江家は断絶を余儀なくされた。直江家断絶は、上杉家にとって好都合だった。関ヶ原合戦の敗戦の責任を兼続に転嫁《てんか》しても、直江家から苦情が来ないからである。

明確な根拠は提示できないが、『会津陣物語』の記述が兼続の暴走ぶりを強調しているのも、「直江状」の写が上杉方の文書集に残るのも、すべて兼続に責任を転嫁しようとしたからではないだろうか。それは「直江状」が上杉氏の正義を示す内容だからというよりも、兼続に敗戦の責任を押し付ける証拠史料として、であろう。

毛利家では輝元の関ヶ原合戦における失策を隠蔽《いんぺい》するため、意図的に後世の編纂物（『陰徳太平記』）で安国寺恵瓊《あんこくじえけい》に全責任を押しつけた。西軍に与したのは輝元の意志ではなく、恵瓊の独断専行ということにしたのである（主導したのは吉川氏）。その構図はよく似ている。

✕三成挙兵を真田昌幸は知らなかった

事前盟約説がなかったことを明快に論じたのが、宮本義己氏である（宮本：二〇〇八）。宮本氏は三成が真田《さなだ》氏に宛てた二通の文書を根拠にして、兼続と三成との事前盟約説を否定している。次に、（慶長五年）七月晦日《みそか》付石田三成書状（真田昌幸《まさゆき》宛）の内容を掲出しよう（「真田家文書」）。

私（三成）から使者を三人遣《つか》わしました。そのうち一人は貴老（昌幸）が返事を書き次第、案内者を添えて私の方に下してください。残りの二人は、会津（景勝・兼続）への書状とともに遣わしているので、貴老の方から確かな人物を添えて、沼田《ぬまた》（群馬県沼田市）を越えて会津に向かわせてください。貴老のところに返事を持って帰ってきたら、案内者を一人添えて、三成まで遣わしてください。

この書状の省略した冒頭部分では、三成が挙兵する計画を事前に知らせていなかったことを詫《わ》びている。このような事情を看取すると、真田昌幸にさえ西軍決起の情報が届いていなかった様子がうかがえる。昌幸と三成とは相婿《あいむこ》の関係であった。そのような深い関係であっても、この段階に至るまで、三成は何も知らせていなかったのである。

この書状を見ると、三成が昌幸を通して景勝のもとに使者を向かわせていることが判明する。文中の案内者とは、土地の事情に詳しい、道案内のできる者という意味である。宮本氏が指摘するように、これより以前に三成は景勝との交渉ルートを持たなかったと考えられる。そこで景勝との関係が深い昌幸を通して、交渉を進めようとしたのである。

結局、三成がもっとも近しい昌幸にすら挙兵の相談をしていなかったのだから、交渉ルートのない景勝に先に打ち明けることなど考えられないのである。

×景勝との交渉を昌幸に依頼

（慶長五年）八月五日付の石田三成書状（真田昌幸宛）によると、三成が昌幸を通して、景勝と交渉を円滑に進めようとした様子がわかる（『真田家文書』）。三成は沼田を経て、会津へ飛脚《ひきやく》を送ろうとしたのであるが、その間に他領があるので、いささか困難であった状況がうかがえる。三成は軍勢を遣わすなり、金品を贈るなりしてでも、書状を景勝のもとに届けたいと昌幸に懇願している。三成は飛脚を景勝のもとに送る際、昌幸の助力が必要だった。

三成が託した書状とは、上杉家に関東出兵を依頼するもので、その件について、昌幸からも景勝を説得していただきたいと願っている。つまり、三成は景勝に関東への出兵を依頼するにあたり、直接の交渉ルートがないため、昌幸の口添えが必要だったのである。

同書状には、越後（堀秀治）からも豊臣秀頼に奉公したいとの報告があったと記す。真偽のほどは不明であるが、堀氏が豊臣方に与《くみ》したら、景勝は安心して関東に出陣できるからだろう。三成が景勝を説得するため、あやふやな情報を与えたことも否定できない。いまだ三成は、方々に味方を募っているのが現状であった。

次に、（慶長五年）八月十日付の石田三成書状（真田昌幸・信繁《のぶしげ》宛）を確認することにしよう（「真田家文書」）。

とにかく早々に（昌幸・信繁から）会津へ使者を送り、公儀（秀頼）の意向を疎略にしないよう、私（三成）と連携されるようご相談ください。言うまでもないことですが、お国柄もあって、景勝は何かと気になさる方です。しかし、このように入魂《にゅうこん》の間柄になれば、さほど気にすることはないので、物腰柔らかく景勝に気に入られるよう申し入れ、成し遂げることです。

三成は昌幸を通して、景勝が西軍に味方するように交渉しており、その人柄に及んでまで助言をしている。しかもこの時期、家康は七月二十四日の小山評定《おやまひょうじょう》を踏まえ、会津征伐から反転して西上の途についていた。いまだ景勝を説得できていない三成の、かなり焦《あせ》っている状況がうかがえる。

ここまで見れば明らかなとおり、景勝・兼続と三成とは特段懇意でなかったようで、事前盟約説が成り立つわけがない。実情は、この段階に至っても、三成は昌幸を通して景勝と交渉をしていたことになろう。

✕事前盟約説が創作された真相

根本的にいえることは、三成と景勝が事前に盟約を結んだことを示す、確かな史料はない。関ヶ原合戦にまつわる二次史料に注意が必要なのは当然だが、一次史料たる文書の写にも偽文書が多いので、注意しなければならない。現存するのは、三成が昌幸を通して、景勝と交渉を進める史料だけである。しかもそれは、三成が挙兵してかなりの時間を経過していながら、いまだに景勝を説得しきれていないことを示している。

三成と景勝の事前盟約説の背後には、兼続の存在があった。兼続は景勝の重臣として活躍したが、不幸なことに後継者に恵まれず、家は断絶した。そこに目をつけたのが、上杉家ではなかったのか。

関ヶ原合戦後、上杉家は会津百二十万石から、米沢三十万石へと転落した。本来、この責は当主の景勝が負うべきであるが、それはできない。ゆえに、家が断絶している兼続の暴走であったことにし、責任を逃れようとしたのだろう。それは失敗に終わった事前盟約という兼続の智謀を描くか、「直江状」という無礼な書状を送った無謀を描くかの違いに過ぎないのである。

おそらく事前盟約の根拠史料は、七月末日前後の事情を知る上杉方の人物が、兼続に敗戦の責任を押しつけるため、後世に至って創作したものと考えられる。

「直江状」についての最新研究をめぐって

笠谷和比古氏は近著で、改めて「直江状」が偽文書ではないと反論をされた（笠谷：二〇二二）。筆者を含めて「直江状」が偽文書であると主張する論者は、①文言に不自然な箇所があること、②内容に重複が多いこと、③西笑承兌の詰問状と「直江状」の日付と届けられた日時の齟齬、④「三中老」の存在をめぐる問題、⑤「直江状」の執筆者が「内府ちかひの条々」を参照して偽作したこと、⑥「直江状」は上杉氏の敗戦の責任を直江兼続に負わせるため創作されたこと、などがある。このうち、いくつかの論点について考えてみよう。

①②について笠谷氏は、兼続が筆の勢いに任せ、一気呵成に激情にかられて書いたこと、また兼続と西笑承兌は旧知の間柄だったので、砕けた表現も十分にありうると指摘する。しかし、前者については、外交文書なのだから、十分に推敲しないまま相手に送るとは常識的に考えられない。

さらに、兼続と西笑承兌は旧知の間柄とはいえ、実質的には上杉景勝が徳川家康に宛てて送った文書である。当時は当主間で直接書状をやり取りするのではなく、取次を通して行った。したがって、「直江状」は家康に見せるのが前提なので、お互いのカジュアルな関係で書く性質のものではないといえる。

③について笠谷氏は、慶長五年四月一日付の西笑承兌の詰問状（『関原軍記大成』所収文書）の送付に先立って、四月一日に同内容の書状を飛脚が会津にもたらしたとする。そうなると、四月十四日付の「直江状」の日付は齟齬がないと指摘する。通説によると、四月十日に伊奈昭綱が西笑承兌の詰問状を託されて会津に向かったとされているので、それでは四月十四日に到着が不可能である。ところが、笠谷氏の説に従えば、四月十四日付の「直江状」の日付は矛盾しないという。つまり、西笑承兌は最初に私的な書状として四月一日に詰問状を送り、第二段階として四月十日に伊奈昭綱が公式の詰問状を送ったということになろう。

笠谷氏は西笑承兌の詰問状の冒頭の「飛札」を「飛脚（がもたらした書状）」と理解されているようだが、むしろもう一つの意味の「急ぎの手紙」と解釈するのが妥当ではないか。そもそも、詰問状を送るのに、私的と公的の二段階に分けて送るという意味が理解できない。

④について笠谷氏は、三中老らが家康の会津征伐を諌止《かんし》した文書（慶長五年五月七日付。『古今消息集』所収文書）を偽文書でないとし、その傍証として『毛利家乗』に所載の慶長五年四月二十八日毛利輝元書状案（毛利秀元宛）を挙げる。この書状

によると、たしかに生駒親正、中村一氏、堀尾吉晴、長束正家、前田玄以らが家康の会津征伐を諫止しようとしたことがうかがえる。したがって、彼らが家康の会津征伐を諫止したことは、史実であると認められる。

ただし、慶長五年五月七日付の諫止状には、文面に不審な点が多いと感じられる。特に五月の文書にもかかわらず、出征を中止する理由として、「雪前の出征は大変なので、来春に出陣してはどうでしょうか」というのは不審である。同時に、『毛利家乗』所収文書だけでは、三中老の存在を裏付ける根拠とならず、さらに職掌などを明らかにすべく検討が必要だろう。

⑤⑥については省略するが、私見として「直江状」は偽文書という感が拭えない。今後、さらに検討が進むことを期待したい。

第三章
決起した西軍

三成出陣の噂

七将による石田三成訴訟事件後、三成は佐和山《さわやま》城に隠退した。しかし、家康とは良好な関係を保ち、子の重家《しげいえ》が大坂城への出仕を認められ、石田家の存続は叶った。残念ながら、その後の三成の動静はあまりわかっていない。

三成の失脚後、領内の支配を取り仕切っていたのは、三成の父・正継《まさつぐ》だった（「大原《おおはら》観音寺文書《かんのんじもんじょ》」など）。三成の発給文書は、慶長四年十月十八日付のわずか一通だけである（「下郷共済会所蔵文書」）。内容は、長浜船方中《ながはまふなかたちゅう》に対して、佐和山まで炭を運ぶように命じたものである。ようやく動きが見られるのは、慶長五年七月になってからである。

慶長五年七月十二日、増田長盛は家康の家臣・永井直勝《ながいなおかつ》に対し、垂井《たるい》（岐阜県垂井町）において、大谷吉継が病になり滞在していること、また石田三成が出陣するとのことなど、さまざまな噂が流れていることを報告している（『板坂卜斎覚書《いたさかぼくさいおぼえがき》』所収文書）。つまり、「内府《ないふ》ちかひの条々」（後述）を発する五日前から、すでに挙兵らしき情報が漏れていた。

この話がまんざら嘘でないことは、『時慶卿記《ときよしきょうき》』と『義演准后日記《ぎえんじゅごうにっき》』の同年七月十三日条で確認できる。永井直勝は家康の側近として非常に信の厚かった人物である。家康の側近に対して、なぜ三奉行の一人・増田長盛がわざわざ不穏な動きを知らせる必要があったのか、理由はよくわからない。

それだけではない。同じ七月十三日には、毛利輝元の家臣である宍戸元次《ししどもとつぐ》、熊谷元直《くまがいもとなお》、益田元祥《ますだもとなが》が連署して、家康の家臣である榊原康政、本多正信、永井直勝に書状を送り、安国寺恵瓊が出陣して近江に至り、吉継や三成と不穏な動きをしていることを報じている（「吉川家文書」）。これでは、西軍の動きが筒抜けである。

書状のなかで重要なのは、輝元はその動きを承知していないと述べていることである。輝元が三成らの動きに関与していないということは、七月十四日付の吉川広家《きっかわひろいえ》書状（榊原康政宛）にも書かれている（「吉川家文書」）。これが単なる情報戦なのか、何か意図があってのことなのか不明である。

一連の情報を得た家康は、いまだ西軍決起に三奉行や毛利輝元などが関与していないと安心し、吉継や三成の挙兵など取るに足らずと見ていたのであろうか。家康が積極的に対処した様子は確認できない。

✕「内府ちかひの条々」とは

慶長五年（一六〇〇）七月、徳川家康は上杉景勝を討伐するため、大軍を率いて少しずつ会津に迫っていた。一方、大坂では石田三成を中心とする面々が家康と対決すべく、挙兵の準備を着々と進めていた。三成らは各地の大名に対して、「内府ちかひ（違い）の条々」（内府とは内大臣のことで、家康を示す）を発して家康を弾劾《だんがい》し、討伐すべく挙兵を促したのである。すべては秀頼のため、つまり豊臣政権を存続させるためであった。

慶長五年七月十七日、反徳川勢力は「内府ちかひの条々」を全国の諸大名に発し、家康への宣戦布告を宣言した（「真田家文書」など）。これにより家康は、反転して西上することを余儀なくされる。「内府ちかひの条々」の条文は全部で十三ヵ条にわたり、その主な主張を要約すると、以下のようになる。

①五奉行である石田三成、浅野長政を蟄居《ちっきょ》に追い込んだこと。
②五大老の前田利長を追い込んだうえに、景勝を討ち果たすために人質を取ったこと。
③景勝に何ら落ち度がないのに、秀吉の置目《おきめ》に背いて討ち果たそうとしていること。

①〜③で強調されているのは、家康が誓紙や秀吉の置目（掟）を破ったということ

である。簡単にいえば、家康が五大老・五奉行間で誓紙を交わしたにもかかわらず、それを反故《ほご》にしたことが豊臣政権を揺るがしたということになろう。以上が、家康に対して宣戦布告した大きな理由である。なお、三成は「内府ちかひの条々」に署名していないが、その後の西軍の将として主導的な地位にあったことを考慮すると、この時点で実質的に西軍の主要メンバーとして参画したとみなすべきだろう。

また、ほかの条文では家康与党に対して加増を行ったことや、無断で家康と大名間で誓紙を交わしたことなども記されている。こうしたことも家康の不穏な動きとして、三成たちは強い警戒心を抱いた。

とりわけ五奉行の石田三成、浅野長政が蟄居に追い込まれたこと、五大老の前田利家の後継者・利長が窮地に追い込まれたことは、三成や同調する毛利輝元、宇喜多秀家の危機感を煽《あお》る結果となった。家康が豊臣政権の主導権を掌握しようとしているのは明白で、輝元や秀家らは「次は自分たちが窮地に追い込まれる番ではないか」と恐怖心を抱いたのかもしれない。

要するに「内府ちかひの条々」とは、豊臣政権内における家康の身勝手な振る舞いを糾弾《きゆうだん》し、その討伐を呼び掛けたものなのである。

✕「内府ちかひの条々」と三奉行の書状

五奉行のうちの残った三人（前田玄以、増田長盛、長束正家）は「内府ちかひの条々」を送るだけでなく、真田昌幸に対して、次の書状を別に送った（「真田家文書」）。

急ぎ申し入れます。今度家康様が景勝様のもとへ発向《はっこう》したことは、誓紙や秀吉様の置目に背き秀頼様をお見捨てになったので、おのおのが相談し家康様と対決することになりました。家康様が誤っていることは別紙（「内府ちかひの条々」）に見えるとおりです。この事実をもっともなこととお思いになり、秀吉様の御恩賞をお忘れになっていないならば、秀頼様へ御忠節を尽くしてください。

宣戦布告状と三奉行の書状は、セットになって各地の大名に送られたことになろう（「筑紫《ちくし》古文書」など）。家康が誓紙や秀吉の置目に背いたことは、秀頼を支える気がなく、豊臣政権を見捨てたという理解である。つまり、家康が豊臣政権へ敵対行動を取ったので、成敗の対象になったといえる。

ただし真田氏の場合は、やや事情が複雑だった。昌幸の嫡男・信幸《のぶゆき》（信之）は、家康の家臣・本多忠勝の娘を妻としていた。次男の信繁《のぶしげ》（幸村《ゆきむら》）は、西軍の大谷吉継の娘を妻に迎えていた。むろん昌幸は勝算のあるほうに与したかったに違いないが、いずれにつくべきか苦悩することになる。真田氏の場合は右の事情があったが、ほかの大名も頭を抱えたことだろう。

複雑なのは、三成らが豊臣政権を戴《いただ》いていたのは事実であるが、一方の家康も同じだったということだ。決して、輝元・三成の連合軍と家康との私戦ではなかった。両方が秀頼＝豊臣政権を戴いているので、ことは面倒だったといえる。「内府ちかひの条々」が発せられても、去就《きょしゅう》に迷う大名がいたのは、その証左といえよう。

前田利長への二大老の書状

宇喜多秀家は毛利輝元と連署し、前田利長に書状を遣わしている（『武家事紀《ぶけじき》』所収文書）。次に掲出することにしよう。

特に申し入れます。家康が置目に背き、誓紙に違《たが》え、ほしいままに振る舞っていることは、奉行（玄以、長盛、正家）から申し入れがありました。ことさら大老・奉行が一人ずつ果てていってしまっては、誰が秀頼様を守り立てましょうか。そのことをずっと考え、今度おのおのに相談したところ、家康と対決するに至りました。あなた様（利長）も同じ考えでいらっしゃいましょう。このときに秀頼様のために尽力することは、申し上げるまでもありません。お返事を待っております。

内容は、家康のこれまでの行為を非難し、秀頼のために挙兵を勧めたものである。史料中の「果ててしまった大老・奉行」とは、失脚した三成、浅野長政、上杉景勝、そして利長自身を指す。ここで取り上げた書状には、三成は署判を加えていないが、大谷吉継ともども加担しているのは明らかである。秀家と輝元が直接、利長を誘い入れたのは、利長が家康に遺恨を抱いているであろうこと、そして強大な軍事力を保持していたからだった。利長は家康によって窮地に追い込まれたので、西軍に靡《なび》くと思われたが、結局は東軍の家康方に与することになる。

「内府ちかひの条々」が発せられた慶長五年七月十七日をもって、のちに西軍を構成する大老の秀家、輝元、奉行の三成、玄以、長盛、正家と、東軍になる家康との間は、決定的に決裂したといってもよい。しかし、家康が彼らの挙兵を知るには、もう少し時間が必要である。その点については、後述する。

これまで豊臣政権では、五大老連署の文書が発給されていたが、以後は二大老四奉行という文書に変化を遂げる。二大老四奉行は、秀家・輝元の二大老と三成・玄以・長盛・正家の四奉行で構成されていた。二大老四奉行という体制を指摘したのは、布《ぬの》谷陽子《やようこ》氏である（布谷：二〇〇七）。以降、彼らは、実質的に豊臣政権を支えていくことになる。

✕挙兵に積極的に加担した輝元

慶長五年七月十五日になると、輝元は三奉行（前田玄以、長束正家、増田長盛）の出陣要請を受け入れ、広島を出発していることを確認できる。加えて、肥後《ひご》の加藤清正に上洛すら促している（『松井家譜』所収文書）。

しかも輝元は二日後には大坂に到着しており、その驚異的なスピードが指摘されている（光成：二〇一八）。輝元は西軍に加担していないどころか、家康の大坂城西の丸を占拠するなど、むしろ挙兵に積極的に加担していたことがわかっている。

同日、島津惟新《いしん》（義弘《よしひろ》）は上杉景勝に宛てて書状を送った（『旧記雑録後編』三）。その内容は毛利輝元、宇喜多秀家をはじめ、小西行長、大谷吉継、石田三成が秀頼のために挙兵したので、景勝に同意するように求めたものである。やはり、輝元は積極的に動いていたのであった。同じような噂があったことは、同年七月十六日付の蜂須賀家政書状（堅田元慶《かただもとよし》宛）により、裏付けることが可能である（「毛利家文書」）。

ようやく七月二十一日の段階になって、輝元と三成が結託している事実は、細川忠興から家臣の松井康之《まついやすゆき》宛の書状により、上方から家康のもとに追い追い届けられようとしていたことが判明する（『細川家記《ほそかわかき》』所収文書）。忠興はこの事態につき、家康は上洛するであろうと考え、豊後《ぶんご》でも相応の措置をとるよう康之に命じている。

ところが、この時点で家康はまだ事情を知らなかったので、上方に引き返すことはなく、江戸城から会津へと出発した。

一週間後に挙兵を知った家康

二大老四奉行が決起した七月十七日の段階で、家康はまだ江戸城に滞在していた。江戸城を出発したのは七月二十一日のことなので、この段階ではまだ彼らの決起を知らなかったということになろう。挙兵からわずか四日では、情報が江戸まで届かなかったようである。家康はいつ、反家康勢力が起ち上がったことを知ったのだろうか。

翌七月二十二日、家康は病により出陣できなかった美濃国《みののくに》（岐阜県土岐市）妻木《つまき》城主の妻木頼忠《よりただ》に対して、上方の情勢を監視し報告するように命じている（「妻木家文書」）。明確には書かれていないが、この時点で三成らの挙兵を知っていた可能性がある。そして、七月二十三日、家康は最上義光に書状を送った（『譜牒餘録《ふちようよろく》後編』）。その内容は、石田三成と大谷吉継が触状《ふれじよう》（「内府ちかひの条々」）を諸大名に回付したことにより、さまざまな噂が広まっているので、上杉景勝への攻撃を中止することを義光に伝えたものだ。この段階にいたって、家康は西軍の決起に何らかの対処を考えた。家康は三成らが挙兵してから、一週間ほど経過して事実を知ったのである。

これまでの経緯を見る限り、家康は少なくとも七月二十三日の段階で確実に西軍の挙兵を知った。その時点で対処しなかったのは、豊臣政権を奉じているのは自身（＝家康）であり、彼らの決起を取るに足らないと判断したからであろうか。あるいは、実際には三成と吉継が結託した程度の情報しか得られず、輝元の関与までは伝わらなかったのか。

「内府ちかひの条々」は家康の協力関係にあったはずの三奉行（前田玄以、長束正家、増田長盛）が、各地の大名に触れ回り、家康への決起を促すものであった。それは小規模で局地的な決起ではなく、列島全体を巻き込んだ大規模なものである。その後、この情報の全貌をつかんだ家康は、少なからず驚倒したことであろう。

こうして家康は、挙兵した西軍への断固たる対応を迫られることになる。その舞台の小山評定については、次に触れることにしよう。

弾劾され、選択を迫られる

ここまで「内府ちかひの条々」の内容、諸大名に送られた事情などについて見てきた。家康は秀頼＝豊臣政権のために会津征討に向かったが、三成らは秀頼＝豊臣政権に反した家康を弾劾《だんがい》し、討伐するため、諸大名に決起を促した。三成、輝元らと家康の対決の構図は、決して私戦ではなかったのである。

家康にすれば、景勝を討伐して、秀頼＝豊臣政権を守る（あるいは安定化させる）とともに、自身の豊臣政権内の地位を確固たるものにしたかったに違いない。しかし、「内府ちかひの条々」によって、その構想に暗雲が立ち込めたといえるであろう。局面が変わり、家康は選択を迫られた。一つは、このまま会津征討に向かうこと、もう一つは反転西上して三成らを討つことだった。最終的に家康が選択したのは後者であるが、そのカギを握るのが小山評定だった。

通説の小山評定

石田三成、毛利輝元の挙兵を知った家康は、対処せざるを得なくなった。通説では、家康は小山評定を開催し、この危機を乗り越えたといわれている。それらは小説、映画、テレビドラマなどで取り上げられ、一般に広く知られることになった。関ヶ原合戦前夜における、印象的なシーンの一つといえるかもしれない。かつてTBSで放映されたテレビドラマ『関ヶ原』では、福島正則に扮《ふん》した丹波哲郎《たんばてつろう》が小山評定でのシーンを熱演している。次に、通説による小山評定の経過を確認しておこう。

七月二十四日、下野国《しもつけのくに》小山（栃木県小山市）に到着した家康は、三成らが挙兵した事実を知った。この一報により、家康は先行して宇都宮（栃木県宇都宮市）に進軍していた息子の秀忠を呼び戻し、翌二十五日に小山で評定を行うこととした。このときポイントとなったのが、豊臣恩顧《おんこ》の武将たち——浅野幸長、福島正則、池田輝政《てるまさ》、加藤《かとう》嘉明《よしあき》、田中吉政《たなかよしまさ》、堀尾忠氏《ほりおただうじ》——らの態度であったといえよう。

二十五日の小山評定では、まず三成らが挙兵した事実が知らされた。家康に従った武将の中には、大坂で妻子が人質になっている者もあった。そのような事情から家康は、三成らに与する者については、各自の判断に任せると告げたのである。いずれに与するかは、諸将たちに判断が委《ゆだ》ねられた。

✕福島正則の演説、山内一豊の申し出

家康の言葉に少しの間、沈黙が続いたが、それを打ち破ったのが福島正則である。

正則は率先《そっせん》して家康に与することを宣言し、秀頼に対して疎意《そい》がなければ、家康に味方して三成らを討ち、大坂にいる人質となった妻子のことは顧《かえり》みないと演説を行った。妻子の命を擲《なげう》ってでも、家康に味方すると宣言したのである。

諸将は正則の言葉に次々と賛意を示した。流れは大きく家康支持に傾いたのである。正則に率先して家康に与する発言をするように仕組んだのは、黒田長政だったといわれている。

次に景勝と三成のいずれを先に討つべきかという話題になった。諸将は一様に三成らを討つべし、と主張した。そこで、先鋒《せんぽう》として福島正則と池田輝政を清洲城《きよすじょう》（愛知県清須市）に遣わすこととし、家康の出馬を待つことにしたのである。

それだけではない。当時、遠江国掛川城《とおとうみのくにかけがわじょう》（静岡県掛川市）主であった山内一豊《やまうちかつとよ》は、家康に人質を供出して二心《ふたごころ》なきことを誓うとともに、自身の城を提供すると申し出た。すると、東海道沿いに居城を持つ武将たちは、こぞって同じ申し出をした。正則の演説とまったく同じパターンである。一豊らが城を差し出すことによって、家康は円滑に西上の途につくことができるようになったといえよう。

こうして家康が宇都宮に結城秀康《ゆうきひでやす》（家康の次男）を上杉氏の備えとして置くと、七月二十六日以降、次々と諸大名が西上していったのである。ところがその直後、家康は三奉行（前田玄以、長束正家、増田長盛）が三成らに同調したことを知り、豊臣家恩顧の正則が離反しないか疑った。家康は西上途中の黒田長政を呼び戻し質したところ、正則は家康に心を寄せており、三成との関係はよくないと答えた。安心した家康は、長政に甲冑《かっちゅう》などを与えたのである。

以上の小山評定に関する一連の流れは、兵学者・宮川尚古『関原軍記大成』（正徳三年〈一七一三〉成立）によって流布《るふ》した。多少内容に違いはあるが、参謀本部編『日本戦史　関原役』（明治二十六年〈一八九三〉刊行）にも引き継がれている。

✕小山評定はなかったという提起

小山評定は長らく「あった」とされてきたが、近年になって、「小山評定はなかった」という説が提起されている。そんなセンセーショナルな説を唱えたのは、光成準治氏であった（光成：二〇一八。初出二〇〇九）。そして光成氏に続いて、同様に「小山評定はなかった」と主張したのが、白峰旬氏である（白峰：二〇一二など）。白峰氏は以後も論文を公表し、「小山評定はなかった」という説を補強している。

その根拠は後述するが、「小山評定はなかった」という説が優位になるなかで、改めて「小山評定はあった」と論じたのは、本多隆成《ほんだたかしげ》氏である（本多：二〇一二）。また、水野伍貴氏、藤井譲治氏もあったと主張する（水野：二〇一七、藤井：二〇一九）。以下、それらの研究をもとにして、小山評定があったのかどうか、検討を進めてみたい。

下二介の書状の解釈

小山評定の有無について鍵を握るのは、慶長五年八月一日付の下二介《しもにすけ》の書状である（「下家文書」）。下氏は、吉川氏の家臣である。以下、この書状と関連史料を交えて考えてみよう。

広家の命令を受けた下作三《しもさくぞう》（二介の一族）は、使者として東国へ下向《げこう》し、ある人物と駿河《するが》府中（静岡市葵区）で面会した。そして、少なくとも八月一日以前に広家のもとに戻り、帷子《かたびら》・銀子《ぎんす》などの褒美《ほうび》を与えられたというのである。作三の会った人物とは誰なのか。

作三が会ったのは、駿河府中に滞在中の黒田長政であり、同地で作三は広家への書状を長政に託し、自身はすぐに引き返したといわれている。書状の内容は、家康宛、もしくは家康への弁明を長政に取り次いでもらう内容ではなかったかと推測される。当時、長政は下野小山から西上の途についていた。

また、八月八日付の徳川家康書状（黒田長政宛）によると、当時、毛利輝元は反徳川勢力に与していないことを弁明していた（「吉川家文書」）。したがって、広家は作三を長政のもとに派遣して、あらかじめ申し開きをしたと考えられる。

問題は、その間の経緯である。光成氏は、次のように疑問を投げ掛ける。

先述のとおり下作三は、八月一日以前に広家のもとに戻っているが、その場所は瀬《せ》田《た》（滋賀県大津市）であった。当時、駿河府中から瀬田までは、通常であれば三日程度を要したという。そうなると作三が長政と面会したのは、七月二十八日前後となる。ところが、七月二十九日付の家康書状（長政宛）によると、増田長盛ら三奉行らの決起について長政と協議をしたいのだが、すでに西上しており無理だから、あとから追いつく池田輝政に詳細を伝えたので協議してほしいと記されている（「黒田家文書」）。通説では、長政は二十六日または二十七日に小山を出発し、三奉行の決起を知った家康から呼び戻されているので、日程的に困難である。

重要なことは、仮に長政が二十六日または二十七日に小山を出発したとするならば、通常は到着までに一週間程度を要する駿河府中に、二十八日に着くのは不可能ということである。そうなると、長政が実際に出発したのは、二十一日前後ということになろう。つまり、長政は二十五日に開催された小山評定に出席できなかったことになる。これが、「小山評定はなかった」という主張のポイントの一つである。

✕使者は下作三ではなかった

ところが、この見解には本多隆成氏の反論がある。実は、先述した「吉川家文書」所収の八月八日付の徳川家康書状（黒田長政宛）の押紙《おしがみ》（注意事項などを記して文書に付けた紙）には、使者が服部治兵衛《はっとりじへえ》であったと記されている。

八月十七日付の黒田長政書状（吉川広家宛）の押紙にも、使者として服部治兵衛の名が記されている。この点に関しては、『吉川家譜』所収の「藤岡市蔵《ふじおかいちぞう》覚書」により、使者が服部治兵衛と藤岡市兵衛であったことが明らかであると指摘されている。したがって、使者を務めたのは服部治兵衛であり、作三ではなかった。

光成氏は慶長五年八月一日付の下二介書状により、下作三が駿河府中に行き、長政と面会したと指摘し、その根拠として八月八日付の徳川家康書状（黒田長政宛）を挙げたが、それは成り立たなくなる。下作三が駿河府中に行ったのは事実でも、面会したのは別の人物であり、長政ではないのである。

つまり、両書状間には、何ら関連性がないといえよう。そうなると、長政が七月二十八日前後に駿河府中にいた説は疑問視され、七月二十一日前後に小山を出発したことも検討の余地がある。

✕徳川家康書状写の三つの日付

もう一つ重要なのが、以前から問題となっていた徳川家康書状写（福島正則宛）の日付である。この点を確認しておこう。書状は家康が宇都宮付近まで進軍した正則に対し、その労をねぎらい、上方で異変があったので、小山の方へ向かうように依頼したものである。使者は黒田長政と徳永寿昌《とくながながまさ》である。

問題となる徳川家康書状写（福島正則宛）の日付は、それぞれの写により異なっており、次のようになっている。

①「京都大学所蔵福島文書」——七月九日。
②「福島氏系譜所収文書」——七月十九日。
③『武徳編年集成』——七月二十四日。

この問題に関しては、すでに『徳川家康文書の研究　中巻』の執筆者である中村孝也氏が的確な指摘を行っている。まず①の七月九日説は、西軍が決起していないのでありえない。次の②の七月十九日説については、七月二十二日付の徳川秀忠書状（滝《たき》川雄利《がわかつとし》宛）によると、秀忠が同月十九日、家康が同月二十一日にそれぞれ江戸を出発していることを確認できる。この場合、家康書状写は、正則に小山へ向かうよう指示したのではなく、江戸に戻るよう命じたことになる。しかし、すでに秀忠は十九日に江戸を出発しているので、宇都宮付近にいた正則の進軍を中止させ、家康のいる江戸に呼び戻すのはつじつまがあわない。そうなると、編纂物ではあるが、③の『武徳編年集成』の七月二十四日が妥当《だとう》であると指摘した。

光成準治氏は先述のとおり、七月二十一日前後に小山を出発したという説を採用するので、同月二十四日に会津方面に向かった正則に情報を伝えるのは困難とし、『武徳編年集成』の七月二十四日を採らず、「福島氏系譜所収文書」の七月十九日を妥当であるとした。そして、家康は長政を使者として、江戸を出発したばかりの正則を召還し、家康・秀忠・長政・正則が十九日に江戸で協議を行ったと指摘し、小山評定はなかったとするのである。しかし、七月二十一日前後に長政が小山を出発したという説が疑問視されるならば、改めて検討し直す必要があろう。

本多隆成氏は、七月二十一日に細川忠興が家臣に宛てた書状により、家康が七月二十一日に江戸を出発したこと、忠興自身が二十日に宇都宮にいたと指摘する（『細川家記』所収文書）。そして福島正則は、すでに小山辺りまで達していたと推測している。つまり、七月十九日に江戸から使者を発したとしても、その日の内に正則が小山から江戸に到着して協議するのは、どう考えても不可能であるといわざるを得ない。

それゆえ、本多氏は七月二十一日に江戸を発った家康は二十四日に小山に到着し、それまでに三成らの挙兵を知ったため、宇都宮の秀忠以下の諸将を召還し、同月二十五日に小山評定を行ったとする。

✕小山評定はあったのか

以上のように史料の相互連関や、具体的な日付をどのように考えるかが、小山評定の開催の有無を探るうえで非常に重要であった。これまで多くの議論がなされてきたが、以上の例はごく一部の議論に過ぎない。加えてほかにも、小山評定があったことを裏付けるような指摘もなされている。

たとえば、慶長五年八月二日付の徳川家康朱印覚書には、上方での決起に対して、駿河から尾張《おわり》清須まで城中に人を入れ、家中から人質を徴集することを命じている（「伊達《だて》家文書」）。それは、山内一豊が居城である掛川城や人質の供出を申し出、多数の東海道筋の大名たちが従ったという小山評定の内容と符合する。

下村信博《しもむらのぶひろ》氏は松平康重《まつだいらやすしげ》の検討を通して、康重が掛川城在番を命じられて同城に到着したのは、八月八日であったという。そして、八月十九日以降に、東海道筋の在番体制が整ったと考えている（下村：二〇一一）。こうした事実からも、通説が必ずしもすべて間違いであるとはいえなくなった。

本多氏の指摘によると、家康は会津征討を行うべく、豊臣政権を代表して軍事指揮権を持っていたが、それはあくまで会津征討に限られるもので、何をやってもよいというものではなかったという。また、五大老の筆頭という地位にあったとはいえ、従軍した諸大名は家康の家臣であったわけではない。会津征討から一転して、決起した三成の討伐を行うには、それなりの手続きが必要だったということになろう。

たとえば、家康が勝手に会津征討を中止して、三成らの討伐を諸大名に命じたり、東海道筋の諸大名に城などの供出を命じ、在番制を敷くことなどは不可能であったといわざるを得ない。そのためには会合を開き、諸大名に十分に説明を行い、納得を得たうえで実施することが不可欠であったと本多氏は指摘する。いずれにしても、家康単独あるいは少数の大名たちだけでは、三成らの討伐を決定できなかったということになろう。

一方、家康の動向を検証した白峰氏は、小山評定が行われた二十五日の前後に家康は小山におらず、宇都宮にいたと主張した（白峰：二〇一七）。そうなると、小山評定はなかったことになる。白峰氏の主張で重要なのは、小山評定があったことを示す一次史料がないとはいえ、多種多様な二次史料を持ち出すのはいかがなものか、という点にある。筆者もこの意見に賛同しており、当該期の一次史料によって、蓋然性《がいぜんせい》を高める努力が必要と考える。いずれにしても、今後の論争を俟《ま》ちたい。

評定ではなく書状で了解を取ったか

　小山評定の有無も重要な問題であるが、家康とともに会津征討に従った面々にも着目する必要がある。

　家康に従った武将は、徳川一門をはじめ、井伊直政、本多忠勝をはじめとする譜代《ふだい》の家臣らであった。外様《とざま》としては、森忠政《もりただまさ》、仙石秀久《せんごくひでひさ》、石川康長《いしかわやすなが》、日根野吉明《ひねのよしあき》、真田昌幸および子の信幸（信之）、信繁（幸村）らの信濃の諸将が加わった。このうち、日根野吉明の妻は松平一生《まつだいらかずなり》の娘で、真田信幸の妻は本多忠勝の娘だった。いずれも、徳川家に近しい関係にあったといえる。

　大身の外様大名としては、福島正則、池田輝政、細川忠興、黒田長政、浅野幸長、加藤嘉明、田中吉政、藤堂高虎、京極高知《きょうごくたかとも》、生駒一正《いこまかずまさ》、堀尾忠氏、筒井定次《つついさだつぐ》、蜂須賀《はちすか》至鎮《よししげ》（家政の子）、山内一豊、中村一栄《なかむらかずしげ》という面々が従っていた。うち福島正則、池田輝政、細川忠興、黒田長政、藤堂高虎、蜂須賀至鎮、加藤嘉明、浅野幸長は、石田三成訴訟事件の経緯から判断して、明らかな家康与党である。

家康は会津征討に際して、家康に心を寄せる諸将をあえてセレクトして、動員した可能性が高いといえる。ほかの中小大名についても同様の可能性が高い。たとえば、戸川《とがわ》氏、花房《はなぶさ》氏は宇喜多騒動で家中を出奔し、家康の庇護下にあった。また、真田昌幸、生駒一正などのように、この後、親子で東西両軍に分かれた例もある。

小山評定が「あった」か、「なかった」かは別として、家康が西上して三成を討つと言えば、おおむね全員が賛意を示す可能性は高かったといえる。逆に、家康と袂《たもと》を分かち、西軍に与そうものなら、討伐されたに違いない。

筆者には、小説やドラマのようにドラマチックな小山評定があったとは思えないが、少なくとも方針を転換して三成を討つことを諸大名に伝えたと考える。

そもそも諸大名を一堂に集めて会議を開き、去就については各自に任せるようなことはしなかっただろう。家康は各地の大名に書状を送り、必死に多数派工作を行っていたからである。また、当主たる諸大名を一堂に集めるというのも現実的ではない。家康は井伊直政、本多忠勝といった腹心の部下と意思決定し、かつ大身大名の了解を取りつけ、外様大名を中心に三成を討伐するという内容の書状を送ったというのが実情ではなかったか。

その際、家康は城の提供や人質の供出を求めた可能性が高い。一方の西軍が大坂城下に諸将の妻子を住まわせていたのだから、家康は諸将を東軍に繋《つな》ぎ止めるため、当然のことを行ったまでである。諸将が口々に家康に城の提供を申し出、大坂の人質を見捨ててもよいとまで言わしめたのは、後に美談に仕立て上げられたものと考えられる。

本書でも述べたとおり、小山評定の有無を確定するための最大の問題は、開催されたことを示す一次史料が存在しないことである。したがって、二次史料などをもとにして論争が繰り広げられているが、現時点では「開催された」という説が有力である。本書刊行後、公表された小山評定をテーマとした白峰、藤井、本多、水野の諸氏の主な関係論文は、巻末の〔主要参考文献追加〕に示しておいた。

西軍の二段階決起説

笠谷和比古氏は近著で、西軍の二段階決起説を提唱している（笠谷：二〇二二）。第一段階では、まず石田三成と大谷吉継が反家康闘争を行い、三奉行（増田長盛、長束正家、前田玄以）はむしろ反対の立場を取っていたという。その後、三成と吉継は三奉行および淀殿を説得し、特に安国寺恵瓊が西軍に参画することで、説得工作は成功したという。

たしかに、慶長五年（一六〇〇）七月十二日の時点で、長盛は家康配下の永井直勝に対して、三成らの不穏な動きを報じた。「内府ちかひの条々」が発せられたのは、その五日後だから、その間に三成らが三奉行に挙兵に応じるよう説得工作を行ったと考えてもおかしくない。

しかし、同じ七月十二日には、三奉行が毛利輝元に書状を送り、大坂の仕置について御意（秀頼の承認）を得たので、早々の来坂を依頼した（『松井家譜』所収文書）。そこで取次を行ったのが恵瓊である。七月十五日、三奉行の依頼を受けた輝元は、加藤清正に来坂を要請した（『松井家譜』所収文書）。同日、島津惟新（義弘）は上杉景勝に書状を送り、輝元、宇喜多秀家のほか、小西行長、三成、吉継が挙兵することを告げ、三成らに与するよう要請した。

ところが、七月十三日、宍戸元続ら輝元の三人の家臣は、家康配下の榊原康政らに書状を送った。その内容は、恵瓊、三成、吉継の件について、輝元は関与していないという報告である（「吉川家文書」）。七月十四日、広家も同趣旨の書状を榊原康政に送った（「吉川家文書」）。輝元は反家康派だったので、恵瓊とともに三成に与同していたが、毛利家中では意思統一が図れておらず、輝元の真意もわからなかったので、急ぎ弁明した可能性もあろう。

七月二十七日、榊原康政は秋田実季に書状を送った（『譜牒余録』）。内容は上方で三成と吉継が決起したので、大坂から三奉行、淀殿、前田利長が早々の家康の帰洛を要請してきたため、三成ら謀反の衆を討伐する旨を知らせたのである。この書状によると、三奉行は三成らに与同していないことになる。しかし、この時点で「内府ちかひの条々」の内容は、家康も知っていたと思えるので、理解に苦しむところである。

先に取り上げた「小山評定」の件にも関わってくるが、「小山評定」ではあくまで三成らの謀反だけが伝わり、その対処として会津征討を中断し、上洛することを決定したものである。その後、三奉行らが加担したことを知り、家康が大変驚いたというのが真相だろうか。笠谷氏が指摘するように、七月二十九日付の家康が黒田長政に宛てた書状には、「大坂奉行衆、別心の由」、「重ねて相談せしむべし」と書かれている（「黒田家文書」）。つまり、「小山評定」でいったん三成らの謀反を知ったので討伐を決定したが、その後、家康派三奉行の別心を知って、長政に相談したいと述べている。

残っている史料を時系列に検討すると、三成らの決起に至る経過は矛盾だらけのように思える。ただ、三成らが政権の中枢にいる三奉行を説得しないまま、挙兵を見切り発車で実行に移すとは、現実問題として考えにくいようにも思える。三成の決起は二段階で行われたのか、あるいは三奉行らによる情報操作のなせる業だったのか、あるいは三成らの決起が先に伝わり、あとで三奉行らの決起を家康が知ったのか、今後さらに検討を要しよう。

●図● 秀吉の死から関ヶ原までのタイムテーブル

年号	月日	主な出来事
慶長3年(1598)	8月18日	豊臣秀吉没
	8月28日	大老毛利輝元、四奉行と秘密裡に同盟を結ぶ
慶長4年(1599)	2月	徳川家康、「掟」に違反し、大名と縁組したことを認める
	閏3月3日	五大老長老格の前田利家没
	閏3月4日	七将による石田三成訴訟事件起こる。家康が事態を収収し、三成は引退、毛利輝元は家康の下に甘んじる
	9月	家康暗殺計画が露見。首謀者は五大老前田利長、五奉行浅野長政ら。家康、大坂城西の丸に居所を移す
	10月3日	家康、利長討伐を号令。前田利長、屈服
慶長5年(1600)	1月	大老宇喜多秀家の家中で騒動。家康がこれに介入
	3月23日	上杉家を出奔した藤田信吉が、五大老上杉景勝が謀反を企んでいると江戸の徳川秀忠に報告
	4月1日	景勝に上洛を促す家康に、上杉家の直江兼続が直江状を送る
	6月16日	家康、自ら大軍を率い、上杉討伐のため大坂城を進発
	7月17日	三成ら「内府ちかひの条々」を発し、家康に宣戦布告。毛利輝元、大坂城に入り、二大老四奉行体制となる
	7月25日	小山評定が開かれたとされる。東軍、反転西上へ
	8月1日	西軍、伏見城を攻略
	8月23日	東軍、岐阜城を攻略
	8月25日	西軍、安濃津城を攻略
	9月14日	小早川秀秋、松尾山に着陣。東西両軍、秀秋に起請文を送る 同日、島清興（左近）らによる杭瀬川の戦いで西軍が勝利
	9月15日	関ヶ原合戦

第四章 輝元、吉継、三成の選択

総大将に祭り上げられた輝元

慶長五年（一六〇〇）七月十七日、前田玄以・増田長盛・長束正家の三人の奉行は「内府ちかひの条々」を諸大名に発し、家康への宣戦布告状とした。これにより、家康が率いる東軍は、毛利輝元・石田三成が率いる西軍との全面戦争に突入する。このとき西軍には、宇喜多秀家と輝元の二大老がいたが、総大将に祭り上げられたのは輝元だった。

通説（あるいは小説、テレビドラマなど）では、そもそも輝元は家康との対決を望んでおらず、渋々ながら総大将になったといわれている。それゆえに大坂城に籠《こ》もったままで、諸将から秀頼とともに出陣を懇願されたが、断ったとされる。あるいは、なかば石田三成にそそのかされたような形で、総大将になった印象すらある。

果たして輝元が西軍の総大将になることを嫌がっていたというのは、事実だろうか。改めて経緯を確認しておこう。

西国支配の要だった輝元と隆景

慶長三年八月に豊臣秀吉は亡くなるが、それ以前から秀吉は後事をのちの五大老となる面々に託そうとしていた。子の秀頼の行く末を案じてのことである。

文禄四年（一五九五）七月、家康、毛利輝元、小早川隆景は秀吉に起請文を捧げた（「防府毛利報公会所蔵文書」）。ちょうど秀吉の甥・秀次が謀反の嫌疑を掛けられ、高野山（和歌山県高野町）で切腹に追い込まれた直後のことである（秀次の死因については諸説あり）。

起請文のなかで重要なのは、秀吉の定めた法度《はっと》を守り、秀頼を守り立てることを誓約したことになろう。もう一つ重要なのは、家康に東国を任せ、輝元、隆景の二人に西国を任せようとしたことである。この措置は、家康が東国に勢力圏を置き、輝元、隆景が中国方面に基盤を持ったことに起因している。ほかにも前田利家、宇喜多秀家、上杉景勝らの大老がいたが、家康、輝元、隆景の三人が東西の支配の要《かなめ》として位置づけられたのは注目に値する。

ところが、秀吉の目論見《もくろみ》はなかなかうまくいかなかった。秀吉が亡くなる前年の慶長二年六月、毛利家の重鎮《じゆうちん》でもある小早川隆景が亡くなった。慶長四年閏三月には、五大老の長老格である前田利家が逝去《せいきよ》。二人のベテラン大名が亡くなることにより、豊臣政権の屋台骨は徐々に揺らいでいく。慶長四年の段階で、輝元は四十八歳、秀家に至っては二十八歳という若さだった。対する家康は、五十八歳だった。

秀吉の死後、老練な家康は次々と秀吉の遺命を破り、私婚を重ねるなどして五奉行らの反感を買う。この時点では、五奉行の後ろ盾となる利家が存命していたので、その暴走を止めさせることができたが、利家の没後は歯止めが利かなくなる。

✕危機感から対決を決意

利家が亡くなった直後、七将による石田三成訴訟事件が勃発した。この段階以前に、輝元が浅野長政を除く四奉行と結託していたことは、すでに触れた。輝元は三成を支援すべく奮闘するが、結局は失敗に終わり、三成は佐和山城（滋賀県彦根市）への引退を余儀なくされた。結果、家康は自身の与党を形成することに成功し、次の手を打つ。

慶長四年九月、前田利長、浅野長政の謀反が露見し、家康は加賀征討を決意した。驚いた利長は横山長知を弁明のために家康のもとに送り、利長の母・芳春院を人質として送ることで難を逃れたので、利長は家康に屈服することになった。また、長政は武蔵国府中に流されたので、一大老、一奉行が失脚した。

慶長四年末から翌年初めにかけて、宇喜多騒動が勃発した。騒動の要因は諸説あるが、新参家臣を迎え入れ、新たな体制を構築しようとした宇喜多秀家と譜代の家臣との対立だったのは、ほぼ間違いない。これにより秀家と対立した譜代の家臣は家中を離れ、宇喜多家の弱体化が進んだといわれている。実は、家康がこの騒動の仲裁に介入したとされ、宇喜多家中を離れた家臣を東国で庇護したという。宇喜多騒動の解決の過程において、家康の影響力は決して無視できなかった。

そして、慶長五年六月十五日には会津征討の陣触《じんぶ》れが出され、大老の上杉景勝が討伐の対象になった。会津攻めについて、各武将に詳細を伝えたのは三奉行（長束正家、増田長盛、前田玄以）の面々だった（『黄薇古簡集《きびこかんしゅう》』など）。内容は出陣の日時は家康が決すること、家康の命令に従うべきことを命じている。中野等《なかのひとし》氏は、軍事面は家康に委任されたが、会津征討はあくまで秀頼の意志で行われるもので、それは三奉行の承認を前提として遂行されたと指摘する（中野：二〇一六）。

五大老は豊臣政権を支える存在なので、彼らを脅《おびや》かすことは、イコール秀頼への反逆とみなされた。つまり家康への謀反は、秀頼に対する謀反に直結した。景勝が上洛しないことは秀吉の遺命に背くことであり、秀頼への不忠でもあった。家康はこうした論理を振りかざし、次々と五大老や五奉行の面々を追い込んだのだ。

利長が屈服し、秀家が弱体化し、景勝が討伐の対象になると、輝元は「次は自分ではないか」と疑心暗鬼に駆られたであろう。それは、浅野長政、石田三成の失脚したあとの残りの三奉行も同じ思いだったに違いない。三奉行は家康派ではあったが、決して安穏《あんのん》とはしていられなかった。従前から輝元は家康に対抗心を抱いていたが、ついに対決を決意したというのが実情と考えられる。

✕輝元、尋常ならざるスピードで大坂へ

輝元は西軍の総大将として大坂城に入城するが、毛利氏は一枚岩ではなかった。その背景には、毛利家を支える吉川広家と黒田長政との関係がある。この間の経緯を確認することにしよう。

慶長四年閏三月、黒田長政は吉川広家に宛て、互いの信頼関係を強固なものにするため、血判《けつぱん》起請文を差し出している（「吉川家文書」）。石田三成訴訟事件で明らかになったように、長政は完全な家康派だった。書状を受け取った広家は吉川元春《きつかわもとはる》の三男で、元春と兄の元長《もとなが》が亡くなったあと、吉川の家督を継承していた。

黒田長政と広家の親密さは、ある事件からもうかがえる。慶長四年七月、広家は五奉行の一人・浅野長政と伏見で喧嘩《けんか》に及んだ（「吉川家文書」）。輝元は仲介役を務め解決を図ったが、結局は黒田長政の助力が必要であった。同年八月、黒田長政は広家に対し、浅野長政の一件が和解したことを告げる書状を送っている（「吉川家文書」）。二人は入魂《じつこん》の間柄だった。

慶長五年七月十二日、三奉行は輝元に書状を送り、秀頼を守るべく大坂に来てほし

いと依頼した。三日後の七月十五日、輝元は大坂に行くことを決意し、加藤清正にともに行動するよう促した（「松井文庫所蔵文書」）。この前日の十四日、三奉行のクーデターによって、大坂の諸大名の屋敷が軍事的に制圧されたのである。

同年七月十五日、島津惟新は景勝に書状を送った（『薩藩旧記雑録旧編』）。内容は輝元、秀家をはじめ、大坂御老衆（長束正家、増田長盛、前田玄以）、大谷吉継、石田三成が談合し、秀頼のために景勝と連携を望んでいることを伝えたものである。相当なスピードで、反家康の体制が形成されたのである。

毛利輝元は同年七月十七日に「内府ちかひの条々」が発せられると、いち早く広島を発して大坂城に入城し、西軍に属した。輝元が入城したのは七月十九日のことであり、このスピードは尋常ならざるものがあった。すでに七月十七日に子の秀元《ひでもと》が六万の軍勢を率いて、大坂城西の丸を占拠していたことも判明している（『義演准后日記』）。輝元が嫌々ながら入城したにしては、準備があまりに周到すぎる。

むろん、こうした行為は、家康の不信感を煽《あお》ることになった。同年八月八日、家康は長政に対して「輝元が謀反の意を持っていると不審に思っていたところ、広家が輝元の謀反を承知していないことを承《うけたまわ》り、満足した」という内容の書状を送った（「吉川家文書」）。「輝元は叛旗を翻していない」と、家康は認識したというのである。

広家は長政を通して家康に対し、あらかじめ輝元が大坂城に入った経緯などを釈明した弁明書を送っていた。当初、家康は輝元が西軍に与していたことを不審に感じていたが、広家の書状を手にして安心したようである。広家は東軍に心を寄せていたが、輝元の気持ちは西軍にあったことがわかる。

✕安国寺恵瓊に責任転嫁

慶長五年八月十七日、長政は家康の書状の写とともに、広家に対して「輝元が西軍に与したことは、安国寺恵瓊が独断専行で行ったことであると、家康公もお考えになっているので、広家から輝元に内情をよくよく説明し、家康公と輝元が入魂になるように、ご尽力をお願いしたい」という内容の書状を送った（「吉川家文書」）。

広家は輝元が西軍に与したのは、事情を知らないまま、安国寺恵瓊が勝手に進めたと申し開きをしたようである。家康からすれば、事を荒立てて輝元を敵にするのは得策ではなく、逆に懐柔して東軍に引き入れる方が有利である。そこで、長政を用いて広家を丸め込み、責任のすべてを恵瓊に押し付けたのであろう。家康の言葉は、広家にとって救いとなった。以後、広家は恵瓊の独断専行を前面に押し出し、毛利家の責任を回避する。

安国寺恵瓊は毛利氏の政僧であり、秀吉存命中には秀吉にも仕えていた。恵瓊は二人の主君に仕え、各地を転戦した。恵瓊は小早川隆景、吉川元春の亡きあと、毛利家を主導する立場にあった。しかも、恵瓊は石田三成と入魂であり、最初から西軍に与していた。この時点において、広家と恵瓊の考え方に相当な温度差があったのは事実である。

とにかく広家は、大坂入城と西軍への加担が輝元の意志であるにもかかわらず、その場しのぎで恵瓊の独断専行であると言い繕《つくろ》ったのである。

✕西軍の主力と位置づけられた毛利勢

輝元の行為を恵瓊への責任転嫁で収束《しゅうそく》しようとしたものの、輝元の大坂入城という厳然たる事実は、広家を微妙な立場に追い込んだ。それは、申し開きと矛盾する行為だったからである。

黒田長政は、盟友・吉川広家の扱いをめぐって苦悩する。慶長五年八月二十五日、長政は広家に対して「先の手紙で申し入れたことについては、もう届いておりますでしょうか。とにかく輝元と御家《おいえ》を存続させるために、物事を正しくわきまえることが必要です」という内容の書状を送っている（「吉川家文書」）。

広家は家康が有利と感じながらも迷っている状況だったので、長政はあえて決断を迫っているのだ。長政は返事に詳しく書いてほしいと述べ、追伸で家康が駿河府中まで出馬したことを記している。ところが、同じ年の八月二十五日、広家は西軍方として伊勢《いせ》・安濃津《あのつ》城（三重県津市）の戦いに出陣した。慶長五年八月頃のものと推定される広家の国許への書状には、伏見城には五、六百人の軍勢がいるが、城が普請されているので、容易に攻め崩すことはできないであろうと記されている（「吉川家文書」）。

書状の続きには、家康が西上することを聞いていないとしたうえで、軍勢を東上させることが肝心《かんじん》であると説き、国許の城郭の普請を油断なく行うように伝えている。広家は家康の西上を恐れ、国許の城郭整備を求めたのである。同年九月十二日付の広家の書状によると、八月二十五日に安濃津城を落城させた広家は、毛利秀元と安国寺恵瓊とともに、同年九月七日に南宮山《なんぐうさん》（岐阜県垂井町）に着陣した（「吉川家文書」）。

以上の経過により、広家をはじめとする毛利勢力は西軍の主力と位置づけられており、豊臣方もそう考えていたはずである。

ところが、関ヶ原合戦前日の九月十四日、輝元は東軍に与することを決意していた。

和睦を結んだ輝元

結論を先取りするようであるが、合戦前日の毛利輝元の和睦について述べておきたい。家康の側近である井伊直政・本多忠勝の血判起請文には、①輝元に対して家康が疎略にしないこと、②吉川広家と福原広俊《ふくばらひろとし》が家康に忠節を尽くすうえは、家康が疎略にしないこと、③忠節が明らかになれば、家康の直書《じきしょ》を輝元に渡すこと（分国の安堵《あんど》も相違なし）、と記され、吉川広家と福原広俊に宛てられている（「毛利家文書」）。

毛利家が東軍に与するに際して、起請文を取り交わすことにより、互いの約束を強固に取り結んだのである。輝元が家康と和睦を結んだのは、広家による強い説得があったと考えられる。

同日付で、福島正則・黒田長政から吉川広家と福原広俊に送られた連署血判起請文にも、家康が輝元に対して疎略にしないこと、などが記されている（「毛利家文書」）。井伊直政・本多忠勝の起請文に加えて、正則と長政の起請文が提出された理由は、輝元が東軍に勧誘した二人の確約を欲したのであろう。

この二通の起請文によって、毛利家が東軍に与することが明らかになったが、この事実について、南宮山に布陣する安国寺恵瓊と毛利秀元は知らなかった。西軍が敗北した大きな要因は、毛利氏の土壇場《どたんば》の寝返りにもあったのである。

ただし、家康との和睦は消極的なもので、毛利勢は西軍に攻め込むようなことはしていない。あくまで日和見《ひよりみ》的な態度であり、万が一、西軍が有利に運んだならば、次の一手、つまり東軍への攻撃を想定していた可能性も否定できない。

✕吉継と三成の友情

輝元が迷う一方、家康与党の大谷吉継もいかに行動すべきか悩んでいた。

関ヶ原合戦における数々の名場面のなかでも、欠かすことができないのは、大谷吉継と石田三成との厚い友情である。小説やテレビドラマなどでは、三成が家康との対決を決意したとき、真っ先に相談したのが吉継だったことになっている。吉継は三成に対して、家康と戦うことの不利や無謀さを指摘し、本領の敦賀《つるが》（福井県敦賀市）への帰路についた。

『慶長見聞書』『慶長軍記』などによると、この話は敦賀を出た吉継が、三成の息子を伴って家康軍に加わるつもりで佐和山に寄った際のことになっている（外岡：二〇一六）。むろん、この話には根拠がある。それは、浅羽成儀《あさばしげのり》の『慶長見聞録』である。次に、吉継が三成を諫《いさ》める場面を挙げておこう。

貴殿（三成）は諸人から憎まれ、いよいよ切腹まで追い込まれたとき（石田三成訴訟事件）、私（吉継）がいろいろと手を尽くして家康に取り成しを依頼し、今まで生きて来られた。今また事を起こせば、去年、積年の恨みを晴らそうとした者たちは、皆敵になる。

ＴＢＳのテレビドラマ『関ヶ原』では、自陣に帰る吉継の脳裏をかすめたのは、かつての茶会での出来事である。吉継は病を患《わずら》っており、皮膚がただれていた（一説にハンセン病）。その膿《うみ》が茶碗にぽたりと落ちると、諸将は嫌がり、飲んだふりをして、次の武将に茶碗を回した。しかし、三成はそのことを意に介さず、一気に茶を飲み干した。そのことを思い出した吉継は、三成に与することを決意したといわれている。

以上の逸話は、吉継と三成の男同士の厚い友情として知られており、同時にその清々《すがすが》しい態度や男らしさが称賛された。が、果たしてそれは事実なのであろうか。

奉行として手腕を発揮した吉継

最初に、吉継の生涯を交えながら、豊臣政権での位置づけを考えることにしよう。

大谷吉継は永禄二年（一五五九）に誕生したが、その前半生は多くの謎に包まれている。まず出身に関しては、豊後《ぶんご》の戦国大名・大友義鎮《おおともよししげ》（宗麟《そうりん》）の家臣・大谷盛治《もりはる》の子といわれているが、出身を近江とする説もある。通称は紀之介《きのすけ》、名は吉継（吉隆《よしたか》とも）。むしろ、通称として用いられる「刑部《ぎょうぶ》」の方が有名かもしれない。

当初、吉継は豊臣秀吉に小姓《こしょう》として仕え、信任を得たといわれるが、いつ頃から仕えたのかは判然としない。吉継は天正十一年（一五八三）の賤ヶ岳《しずがたに》の戦いに出陣し、「賤ヶ岳の七本槍」に劣らないほど活躍したという。天正十一年以来、吉継は秀吉の側近として副状《そえじょう》を発給するなどし、常に秀吉の身辺に仕え、諸大名との連絡役を務めていた。

同十三年には従五位下《じゅごいのげ》・刑部少輔《ぎょうぶしょう》に叙されており、それゆえに「刑部」と称される。同十四年の九州征伐では、石田三成と兵站《へいたん》奉行を担当した。太閤検地《たいこうけんち》が実施されると、三成らとともに検地奉行などを務めた。以後も三成とは、政権内部で友好的な協力関係を保っている。

軍事方面よりも官僚的な側面で手腕を発揮した吉継は、天正十七年（一五八九）に越前《えちぜん》・敦賀に五万石を有する大名となった。以後も秀吉に従い、翌十八年の小田原征伐、続く奥州征伐にも出陣し、平定に尽力している。文禄《ぶんろく》元年（一五九二）に勃発した文禄の役では、石田三成とともに船奉行と朝鮮部隊の督励《とくれい》を担当し、その翌年の明軍との和平交渉にも尽力した。

以上のとおり、吉継の生涯は順風満帆《じゅんぷうまんぱん》であった。豊臣政権下における吉継の動向を検討したのは、石畑匡基《こくはたまさき》氏である。以下、石畑氏の研究を参照しつつ、簡単に吉継の動向を探ることにしたい（石畑：二〇一二）。

文禄二年（一五九三）十月を境にして吉継の副状は見られなくなり、翌年には眼病を患い、養生していたことが判明する。以降、吉継は豊臣政権の中枢から離脱し、代わりに子息の吉治《よしはる》が出仕していたようである。慶長二年（一五九七）の段階において、まだ吉継の病状は好転していなかった。

吉継がハンセン病であったか否かは別として、少なくとも眼病により思わしい状況でなかったことは確かであった。それゆえ吉継は治療に専念し、子の吉治が代わりに仕官していた。その後、吉継の病状は次第に良くなり、慶長三年十月頃にはかなり回復していたようである。

✕石田三成訴訟事件での活躍

吉継が順調に回復するなかで勃発したのが、慶長四年閏三月の石田三成訴訟事件である。

吉継は徳川家康と友好関係を保っており、後世に成った『当代記《とうだいき》』という史料に拠ると、事件が起こったときは、家康に加担した。吉継が家康に与したので、本来は三成方につくはずの武将までもが家康方に流れたという。吉継の諸将に対する強い影響力がうかがえる。『当代記』は編纂物ではあるが、その後の流れを見ると、あながち嘘とはいえないようである。

そもそも吉継は、家康に対する軍事行動に消極的だった。三成が七将に訴訟された際、輝元は家康に兵を挙げる覚悟も辞さなかったが、それを止めたのが吉継である。吉継は輝元に書状を送り、自制するように求めた。結果、輝元は挙兵を諦《あきら》め、三成を見殺しにする形で家康と和睦した。以下、「厚狭《あさ》毛利家文書」に収録された輝元の書状をもとにして、この点をもう少し詳しく確認しよう。

石田三成訴訟事件後、輝元が叔父の元康《もとやす》に宛てた書状には、次のように記されている（「厚狭毛利家文書」四六号）。

下《しも》やしき罷下《まかりくだる》之《の》由《よし》、不可然《しかるべからず》候、内府むかいつらに成《なり》候様に候との事候、

これは吉継の述べた言葉であるが、光成準治氏は「吉継が輝元に対し下屋敷へ撤退せず、家康に対抗するよう依頼」したと指摘している（光成：二〇一八）。当時、家康の屋敷は現在の京都市伏見区桃山町三河にあり、毛利家の屋敷は同区桃山町板倉周防《いたくらすおう》

にあったと推定される。ちょうど家康と輝元の屋敷は、境を接していた。このとき輝元は伏見区毛利町の下屋敷に移動しようとしたが、それを吉継に止められたということになろう。

同じ書状の後半部分で、吉継は輝元に「徳川派の軍事的圧力を一身に引き受けて三成に加担」しないように伝えたと光成氏は解釈する。ただ、石畑氏が指摘するように、前半で家康に対抗するように求めながら、後半で自重《じちょう》を要求するのは、いささか矛盾している。では、どう考えるべきなのであろうか。実は「厚狭毛利家文書」は年月日を欠いており、時系列の流れがわかりにくい。その点を考慮しながら、以下、詳しく述べたい。

時系列を並べ直して考える

おそらく順序からいえば、「厚狭毛利家文書」四三号の元康宛の輝元書状が先に来ると考えられる。その書状中では、山名禅高《やまなぜんこう》（豊国《とよくに》）が輝元のもとを訪れると、家康が和睦を結びたいという気持ちが強いので、互いに起請文を交わすことが進言され、輝元もこれを了承している。このあと輝元は下屋敷へ移りたいと申し出たところ、家康の意向を踏まえたと思《おぼ》しき禅高から、構わないとの言葉をもらった。移る理由は周囲の状況が気に入らず、また用心のためであるという。三成訴訟事件の影響があったのであろうか。

続く「厚狭毛利家文書」四五号（元康宛の輝元書状）では、輝元が一刻も早く下屋敷に移動したいと述べており、安国寺恵瓊にも伝えたとある。そして、兵を急ぎ集めるように家臣の榎本元吉《えのもともとよし》に指示したと記されている。このあとに続けて、蜂須賀家政、黒田如水（孝高）、加藤清正が家康の支えになったとし、中国の大事（輝元の一大事）に至ったと認識している。輝元が下屋敷に移動したがった理由は、起請文を交わすことを約束したとはいえ、家康らを恐れたからなのだろう。

「厚狭毛利家文書」四六号の解釈など

そして次に、先述した「厚狭毛利家文書」四六号（元康宛の輝元書状）になる。冒頭部分は、光成氏が「吉継が輝元に対し下屋敷へ撤退せず、家康に対抗するよう依頼」したと解釈したが、実際は「吉継が輝元に対し下屋敷へ撤退せず、家康の屋敷前に留まることを依頼」したとするのが自然ではないだろうか。

「むかいつら」は「対抗する（対立する）」とするのでなく、「向かい合わせになる」程度の意味でよいと思う。石畑氏は「輝元が下屋敷に移動すれば、輝元が家康と対立してしまう」と解釈するが、これも意味が異なる。

書状の続きを見ると、吉継は輝元が三成のもとに毛利秀元の軍勢三千を遣わしたとの噂を述べたことから、吉継がよく事情を知っているようなので、輝元はそのようなことはまったくない（決定したわけではない）と回答した。続けて吉継が「た、引取てかたんむやくにて候、辻合はかり可然《しかるべく》との内意候」と述べているが、光成氏は徳川派の軍事的な圧力を一身に引き受けて三成に加担しないよう、吉継が輝元を諫めたと解釈する。石畑氏もその点については、特段異議を示しているわけではない。

「た、引取てかたんむやくにて候、辻合はかり可然との内意候」の箇所については、「ただ下屋敷に引き下がって（三成に）加担するのは無駄なことである。事の次第がどうなるかをよく考えて行動すべきとの内意（吉継の意見）である」と解釈すべきではないだろうか。このあとに、輝元は吉継の意見を受けて、下屋敷の普請をすべきか否かを元康に相談しているのである。

結論としては、吉継が輝元に家康との対立を避けるように助言したことは同じであるが、そのプロセスに関しては、光成氏や石畑氏とはニュアンスが異なる。

三成が失脚すると、支援していた輝元も窮地に追い込まれた。輝元は山名禅高を通して起請文を交わすことを受け入れつつも、蜂須賀、黒田、加藤の諸氏らの動きに危機感を覚えた。そこで、輝元は家康の屋敷の前から下屋敷に引き下がり、兵を集めて対抗しようと画策したのであろう。そして、事前に家康から下屋敷への移動の許可を得た。その噂を聞きつけた吉継は、輝元が家康に叛旗を翻すものと考え、あえて下屋敷への移動を止めて、自重するように勧めたのである。

家康を支えていた吉継

この段階においては、石畑氏が指摘するように、大谷吉継は家康を豊臣政権の運営者と認め、それを支えるという立場から輝元の説得に動いたと考えられる。つまり、吉継は家康と対立関係になかったといえよう。

吉継が仲裁に奔走《ほんそう》したことは、自身が発した書状（慶長五年閏三月九日付）によりうかがえる。宛先がないのは残念だが、おそらく家康に近しい人物に送ったのであろう。次に、内容を挙げておこう（現代語訳）。

昨日は何度も使者を遣わしていただき、ありがとうございました。この度は種々ご苦労を掛けましたが、何事もなく事態が収まり、天下静謐《せいひつ》になったことは何よりのことでした。それにつきましても、この上ない仲裁とご配慮にお礼の申し上げようがありません。取り急ぎ参上しなくてはならないのですが、ご存じのとおりの病身ですので、叶《かな》いません。いずれお目に掛かりましたら、いろいろとご相談させていただきたく存じます。

事件が起こってから数日間で、吉継と家康の間では、何度も使者が往来したようである。こうして事件は終結したのである。

吉継が三成に加担した最大の理由

ここで冒頭に掲げた通説が問題となる。つまり、三成は吉継を佐和山城に招いて、家康討伐を打ち明け協力を求めたが、吉継は自重するよう説得した。しかし、吉継は三成の意志の固いことを知り、長年の親しい関係から三成に従い、家康討伐を決意した、というものである。よく知られる茶会の逸話によって、吉継が三成に加担したわけではあるまい。では、いったい何が吉継を三成のもとに向かわせたのか。

それは、これまでも触れたとおり、家康による奉行の浅野長政、石田三成の失脚、大老の前田利長の屈服と上杉景勝の討伐に求められよう。家康が専横を振るうことは、豊臣政権の瓦解《がかい》につながりかねず、家康を支持していた吉継も強い危機感を抱くようになり、徐々に気持ちが家康から離れていった。そして、家康が慶長五年六月に景勝討伐に乗り出したときに、その危機感がピークに達したのである。

　つまり、吉継と三成との厚い友情というよりも、豊臣政権そのものや豊臣政権を支える五大老・五奉行制の崩壊という現実的な問題が吉継を突き動かし、三成に加担する最大理由になったのであろう。そのような意識を共有したのは、家康派だった三奉行の面々も同じだったに違いない。彼らは、家康が豊臣政権内で強大な権力を保持することを恐れたのである。

✕数々の優れた人材を家臣に

　次に、西軍を牽引《けんいん》した石田三成とは、いかなる人物だったのかを見ておこう。三成の先祖は、近江国坂田《さかた》郡石田（滋賀県長浜市）を本拠としていた。山室保《やまむろほ》（同上）の代官を務める土豪ではあったが、譜代の家臣といえるような者は存在しなかった。佐吉《さきち》と称していた少年期に羽柴秀吉に見出され、小姓《こしょう》として仕えるが、秀吉が天下獲りへの歩みを進めるなかで、三成は次第に側近として重用されていく。天正十三年（一五八五）、秀吉の関白就任に伴い、従五位下・治部少輔《じぶしょう》に叙された。天正十九年（一五九一）に蔵入地《くらいりち》（豊臣家直轄領）代官として佐和山城主を務めるようになり、文禄四年（一五九五）には江北《ごうほく》に十九万四千石を与えられ、正式に佐和山城主となったのである。

その三成を支えたのが、有能な家臣団だった。島清興《しまきよおき》（左近《さこん》）は、その代表である。大和国《やまとのくに》出身の清興は、筒井順慶《つついじゅんけい》、豊臣秀長《とよとみひでなが》などに仕えた武将だった。

清興が三成に仕えた経緯については、有名な逸話がある。清興は、近江国水口《みなくち》（滋賀県甲賀市）に所領を持つ三成から家臣として招かれたが（『常山紀談』）、その際に三成は、自身の領する四万石のうち、二万石を清興に与えるという破格の条件を示したと伝わる。自身の所領の半分を与えてでも清興を迎えたいという、思い切った振る舞いであった。ただし、三成が水口に所領を与えられた確証はなく、清興が仕えたのは三成が佐和山城主になってからのことと考えられる。

清興が三成に仕えたことは多くの人々を驚かせ、「三成に　過ぎたるものが　二つあり　島の左近と　佐和山の城」と詠《よ》まれたほどであった。三成には、このように高禄で家臣を迎えようとした逸話が数多い。猛将として知られ、名だたる大名から高禄で召し抱えるとの誘いを受けても断った、渡辺勘兵衛《わたなべかんべえ》（新之丞《しんのじょう》）もその一人であろう。

また三成は、他家が改易になると積極的にその家臣を受け入れた。文禄四年、関白・豊臣秀次が高野山で秀吉から切腹を命じられ、改易となった。三成は秀次家臣の中核メンバー「若江《わかえ》八人衆（七人衆とも）」の舞兵庫《まいひょうご》、大場土佐《おおばとさ》ら、大半を家臣として迎え入れている。

慶長三年（一五九八）、会津の蒲生秀行《がもうひでゆき》は家中の混乱により、秀吉の命によって宇都宮に移封された。このとき蒲生家からは必然的に牢人が生まれたが、蒲生頼郷《よりさと》、蒲生郷舎《さといえ》ら「蒲生十八将」の多くが三成に仕官している。

このように、もともと譜代の家臣を持たなかった三成だが、優れた人物や、改易で禄を失った旧臣を積極的に迎え入れ、自らの家臣団を多彩な顔ぶれへと充実させていったのである。

✕豊臣政権下のキーパーソン

しかしながら注目すべきは、武官としてよりも、文官としての三成の役割である。天正十四年（一五八六）、三成は秀吉から堺奉行に任命され、経済の中心地の統括役を担った。その手腕は、天正十五年の九州征伐後における、博多の再興（太閤町割り）でも発揮された。また天正十七年（一五八九）に美濃の検地を担当して以降、各地の検地奉行を任され、近江の太閤蔵入地の代官にもなった。つまり、三成は都市整備や経済のエキスパートだったのである。

さらに、秀吉（豊臣政権）と地方大名間の取次として外交交渉にあたり、大名家内部で起きた諸問題へ介入するなどして、徐々に政治的な影響力を強めていった。三成が担当したのは、安芸毛利氏、薩摩島津氏などであったが、彼ら大身の大名であっても、三成をキーパーソンとして恐れるほどだったのである。

一方で文禄四年以降、三成は秀吉に近侍《きんじ》する必要があり、佐和山に戻ることが難しくなっていった。検地などで、各地の業務に専念する必要もあった。そこで三成に代わり、江北四郡（伊香《いか》、浅井《あざい》、坂田、犬上《いぬかみ》）の支配を担当したのが父の正継である。正継が領内に発給した文書は、二十通余りが確認されている。

三成の身内には、兄の正澄が存在する。正澄も三成と同様に秀吉から重用され、検地に携《たずさ》わり、朝鮮出兵では名護屋《なごや》城の普請に従事した。また、秀吉と島津氏との「取次」を担当し、「十人衆」（五奉行より格下の中堅吏僚）を務めていた。正澄は石田家の正嫡《せいちゃく》であり、和泉国《いずみのくに》河内《かわち》郡に二万五千石を領する大名でもあった。

このように三成は秀吉に見出されて以降、豊臣政権下において、政治的、経済的に多大なる影響力を保持していたといえよう。

「二大老四奉行」制の発足

三成が叛旗を翻すと同時に、五大老・五奉行制に変化が生じた。それが先述の「二大老四奉行」である（布谷：二〇〇七）。

これまで豊臣政権では五大老連署の文書が発給されていたが、以後は「二大老四奉行」という発給文書に変化を遂《と》げる。「二大老」とは宇喜多秀家と毛利輝元、「四奉行」とは石田三成、前田玄以、増田長盛、長束正家であった。「二大老四奉行」は、反徳川を掲げる面々の合議体制であると考えてよいだろう。次に、信州上田《うえだ》城（長野県上田市）の主・真田昌幸への西軍勧誘の事例をもとに、検証することにしたい。

慶長五年七月二十九日、毛利輝元は真田昌幸に対して書状を送った（「真田宝物館所蔵文書」）。その内容は、家康のこれまでの行動を非難するとともに、上杉景勝との連携によって関東平定を果たし、秀頼のために忠節を尽くすよう求めたものである。同日付で、秀家も輝元と同じ内容のことを昌幸に伝えている（「真田宝物館所蔵文書」）。昌幸は、いまだ態度を決めかねていた。

同年八月二日に至って、「二大老四奉行」の連署書状が昌幸に発せられた（「真田宝物館所蔵文書」）。これまで昌幸を味方に引き入れる工作を行い、西軍につくことが確定したため、正式に依頼したのである。文末に「石田三成が詳しく申します」とあるとおり、実務を担当したのは三成だった。

「二大老四奉行」は豊臣政権下の合議機関を装《よそお》っているが、実質的には西軍を主導する意思決定システムであった。それは、戦時における臨時の体制であるといってよいのかもしれない。

家康との戦いの名目は秀頼のためであり、そのことは史料中の文言からもうかがえる。八月一日に伊勢国の領主・蒔田広定《まいたひろさだ》に対し、「二大老四奉行」の書状が送られた（「廊坊篤《ろうのぼうあつし》氏所蔵文書」）。これは「二大老四奉行」の発した文書であるが、あくまで秀頼の意思によるという形式であった。文中にある「加勢として遣わされた」という言葉の「遣わされた」の主語は秀頼だった。形式的には主体を秀頼とし、正当性を担保《たんぽ》しているのである。

「二大老四奉行」制では、最初に「二大老」が依頼し（多くは西軍に味方するよう）、次に「四奉行」が交渉を行い、最後に「二大老四奉行」の文書が発給された。こうした事例は、同年八月四日に秀家と輝元が連署して、細川氏の家臣・松井康之に発した書状でも確認することができる（「綿考輯録《めんこうしゅうろく》」）。

西軍は結果的に敗北を喫したため、その関連史料は少ないとされる。「二大老四奉行」制の詳細については、今後の研究課題といえよう。

〆西軍に三成の才覚は不可欠だった

改めて整理しておくと、三成は七将による訴訟事件後、佐和山へ引退して家督を子の重家に譲った。重家は大坂城への出仕を認められ、石田家は存続した。

三成は引退しても、家康との良好な関係を築いた。子の重家の出仕もそうであるが、大坂の邸宅を宿所として提供したり、家康からの加賀への出陣要請にも応じている。それは、家を守るためであったと考えてよいだろう。

ただ、一方で来るべき日に備えて、毛利氏らと連絡を取り合っていた可能性はある。毛利氏も家康の台頭に不満を抱いていた。慶長五年七月十七日に「内府ちかひの条々」が発せられるが、そこに三成の名前はない。しかし、実質的には、この時点で三成は、「四奉行」の一人としてカムバックしたとみてよいだろう。

以後、「二大老四奉行」が主導して輝元を擁立し、西軍は東軍を率いる家康に戦いを挑んだのである。

ではなぜ、三成の復帰が必要だったのか。それは、家康に対抗するには、三成の高い才覚が必要だったからである。輝元も家康に対抗心を燃やしていたが、単独ではままならない状況があった。五奉行だった三成の人脈も重要で、三奉行や吉継を説得することは、三成以外では成し得なかった。

さらに、途中で引退せざるを得なくなったとはいえ、それまで三成が反家康の急先鋒だった点が大きいといえよう。三成は輝元と結託することで、その真価を発揮したのではないだろうか。三成の存在なくして、「内府ちかひの条々」が発せられることはなかったに違いない。

慶長五年七月二十八日、三成は鉄砲の産地として知られる近江国友村《くにとも》に判物《はんもつ》を発給し、新たに鉄砲を吹き替えることを禁止した（「国友助太夫《すけだゆう》家文書」）。これは、国友の鉄砲を「公儀」、つまり豊臣家のためだけに供給することを、暗に命じたものと考えられる。こうした事例も、三成の復権を示すものである。

その後、三成は大坂から佐和山へと帰還し、家康との対決に備えて出陣準備を行った。三成は兵を召し抱えるべく、これまで蓄《たくわ》えていた金銀を惜しみなく使ったため、ほとんど底をついたといわれている。

✕何が三奉行の危機感を煽ったのか

堀越祐一氏は、五奉行の危機感を煽った家康の行為として、家康が単独で諸大名に領地の加増を行ったことを挙げている（堀越：二〇一六）。家康が加増した土地は、豊臣家の蔵入地から給与されたものだった。それによって、豊臣家の蔵入地は減少し、逆に加増された諸大名の忠誠心は家康に向けられる。これもまた、三成らにとっては警戒する行為だったといえる。

同時に、家康が単独で諸大名に加増を行うことは、蔵入地の管理を行う五奉行の権限を脅かすことにつながった。家康が蔵入地の管理に関与すれば、五奉行の存在が否定されることにつながり、それは豊臣政権の命脈を断つことにもつながった。そのような危機感があったため、三成や三奉行は家康の打倒に大きく舵を切ったのである。

そして、家康が豊臣公儀をいただいて、会津討伐に乗り出したときに、輝元・三成らの危機感がピークに達したのであろう。関ヶ原合戦が勃発した要因とは、家康が諸大名の家中や豊臣政権の中枢にかかわる問題に積極的に関与したことだった。三成らは、家康の行為を傍観できなかったのである。

第五章

関ヶ原前夜の攻防

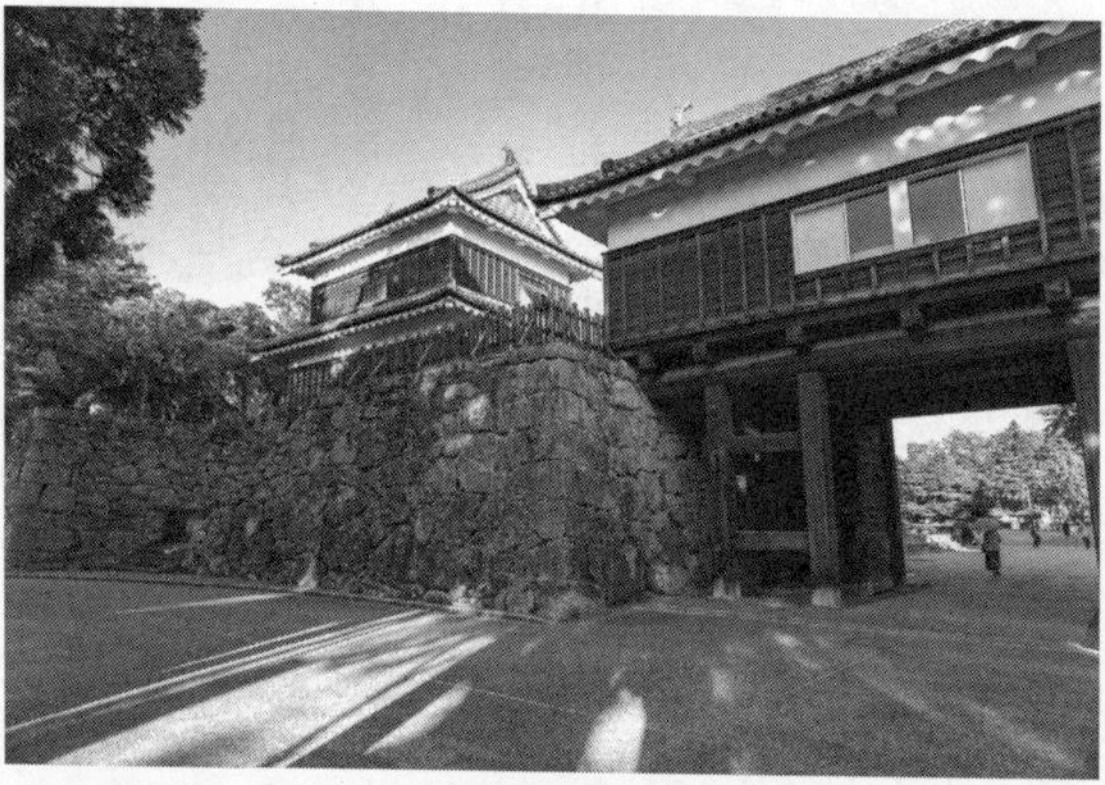

⚔伏見城の落城

「内府ちかひの条々」が発せられたあとの西軍の動きは早かった。

慶長五年（一六〇〇）七月十九日、宇喜多秀家らの軍勢は、家康の拠点である伏見城（京都市伏見区）を包囲した。四日後の二十三日になると、毛利氏配下の大軍が合流し、伏見城は落城の危機にさらされる。家康が伏見城の守備を託したのは、家臣の鳥居元忠であった。

両軍の兵力差は、歴然としていた。西軍は宇喜多秀家が総大将を務め、以下、小早川秀秋、毛利秀元、吉川広家、小西行長、長宗我部盛親《ちようそかべもりちか》、長束正家、鍋島勝茂《なべしまかつしげ》、大谷吉継ら錚々《そうそう》たる面々が加わった。軍勢は約四万といわれる大軍である。一方の伏見城の城兵は、家康が主力を率いて会津に向かったため、わずか千八百人程度であったという。

普通ならば数日で伏見城を落とせるはずであったが、籠城戦は予想外に長期化した。そこで、西軍の長束正家は、伏見城内の甲賀《こうか》武士たちに、矢文《やぶみ》を放ったという。その内容は、①甲賀に残した妻子をことごとく磔《はりつけ》にすること、②内応して城内に火を放てば妻子の命を助け、恩賞を与えること、というものだったといわれる。

甲賀武士たちは苦渋の決断をし、裏切って城内に火を放つと、包囲していた西軍の大軍が一気に城内に押し寄せた。籠城していた兵は果敢に戦ったものの、同年八月一日に伏見城は落城したのである。城将の元忠は、鈴木重朝《すずきしげとも》（孫一《まごいち》、孫市とも）によって討ち取られた。右の落城にまつわる逸話が事実か否かは不明であるが、実際に圧倒的な兵力差で伏見城が落城したのは明らかである。

✕やむなく西軍に加わった小早川秀秋

この伏見城を攻撃する西軍のなかには、小早川秀秋も加わっていた。関ヶ原合戦の勃発に際して、『寛政重修諸家譜《かんせいちょうしゅうしょかふ》』（「稲葉正成《いなばまさなり》家譜」）には、次のような経緯を書き記している。

①上杉景勝の反逆時、秀秋は伏見城に使者を送り、東軍に忠節を誓っていた。
②秀秋は兄・木下延俊《きのしたのぶとし》の居城・姫路《ひめじ》城を譲り受けようとし、家康の許可を受けたが、それは延俊により拒否された。
③家康が伏見から下向した際、秀秋の家臣の稲葉正成・平岡頼勝《ひらおかよりかつ》は密事を報告した。
④稲葉正成の養子・政貞《まささだ》が家康に近侍《きんじ》することになった。
⑤密事の内容とは、三成らが謀反を企《くわだ》て、秀秋に秀頼の幼少時は天下を委任するこ

と、筑前《ちくぜん》・筑後《ちくご》に加えて播磨《はりま》一国と近江国内に十万石を与えること、正成には黄金三百両を与えることである。

⑥秀秋は伏見城に使者を遣わし、鳥居元忠に味方すると伝えたが拒否され、心ならずも西軍の面々と伏見城を攻撃した。

⑦秀秋の気持ちは家康方にあったので、正成は秀秋に説いて使者を東軍の黒田長政、山岡道阿弥《やまおかどうあみ》に送り、豊臣方（西軍）の情勢を報告した。

⑧伏見城落城後、秀秋は三成に安濃津城へ行くよう命じられたが、心から服することはなかった。

先に示したように、秀秋は最初から家康に心を寄せていたようで、伏見城攻撃はやむなく西軍として出陣したということになろう。それを支えたのが、秀秋の家臣である稲葉正成・平岡頼勝の二人であった。正成は人質を家康に差し出しているが（④）、同時に西軍も秀秋の取り込みに熱心であったことがうかがえる（⑤）。結果として、秀秋が西軍に従ったのは渋々であり、心のなかでは一刻も早く東軍に与したかったようである（⑥〜⑧）。ただし、『寛政重修諸家譜』は後世の編纂物であり、そのまま信じるわけにはいかない。この点をもう少し考えてみよう。

家康の会津征討に従った大名のほとんどは、小山評定において東軍に属した。当時の状況を考慮すれば、家康の面前で西軍に属すると宣言することは、ほぼ不可能に近かったと考えられる。同様に考えるならば、三成ら西軍諸将が集まる京都・大坂にあって、秀秋が公然と東軍に付き従う意思を表明することもまた、非常に困難であったと推測される。そのような事情があったため、秀秋が渋々ながらも西軍に属し、伏見城攻めに参加した可能性は否定できないであろう。

×やむなく西軍に従った脇坂安治

態度が不鮮明であった脇坂安治《わきざかやすはる》も、小早川秀秋と似たような状況にあった。同年八月一日、家康は安治の子・安元《やすもと》に書状を送った（「脇坂家文書」）。

それは、安元が家康配下の山岡道阿弥に送った書状に対する返書であり、奇しくも日付は伏見城落城の日であった。家康は書状の冒頭で互いに懇意であることを「祝着《しゅうちゃく》である」とし、三成の挙兵に際して、安元が上方に引き返したことを「もっともなこと」であると評価している。

中村孝也氏によると、大坂にいた安元は関東の家康のもとに向かおうとしたが、三成によって東下を阻止され、やむなく西軍に従ったという（中村：一九八〇）。そこで、安元は山岡道阿弥のもとに書状を送り、一連の事情を説明したうえで、家康に志があることを伝えた。家康はその志に感謝し、近く上洛する旨を伝えているのである。秀秋の事情も、脇坂父子と似通《にかよ》っていたのではないだろうか。

西軍に与した諸将のなかには、たまたま上方にいたがために、三成に属せざるを得なかった者がいたのである。戦後、安治が処罰されなかったのは、家康によって右の事情が考慮されたからであろう。

丹後田辺城の開城

慶長五年（一六〇〇）七月、細川幽斎（玄旨《げんし》）は東軍の家康に味方し、わずか五百人という手勢で丹後国田辺城《たんごのくにたなべ》（京都府舞鶴市）に籠城した。子の忠興が会津の上杉景勝討伐に従軍したため、忠興の弟・幸隆《ゆきたか》と従兄弟《いとこ》の三淵光行《みつぶちみつゆき》が城に残った。大坂にいた忠興の夫人ガラシャは、西軍の人質になることを拒《こば》み、死を選んだ。

七月十九日、田辺城は西軍の軍勢に囲まれた。西軍の面々は、小野木重次《おのぎしげつぐ》、前田茂勝《まえだしげかつ》、織田信包《おだのぶかね》、小出吉政《こいでよしまさ》、杉原長房《すぎはらながふさ》、谷衛友《たにもりとも》、藤掛永勝《ふじかけながかつ》、川勝秀氏《かわかつひでうじ》、早川長政、長谷川宗仁《はせがわそうにん》、赤松広秀《あかまつひろひで》など、丹波《たんば》・但馬《たじま》の諸大名を中心とする一万五千という大軍である。もはや勝敗の帰趨《きすう》は明らかであった。

幽斎は少数で西軍の軍勢をよく防いだが、これには大きな理由があった。当時、和歌や連歌に関心を持つ武将が多く、包囲軍の中には幽斎の弟子も数多くいた。彼らは、幽斎を討ち取ることを躊躇《ちゆうちよ》していたと通説でいわれている。西軍にとっては、大きな誤算であったかもしれない。

事態をもっとも憂《うれ》えたのは、後陽成《ごようせい》天皇であった。天皇は幽斎の戦死により、古今伝授《こきんでんじゆ》（『古今和歌集』の故実や解釈の秘伝を伝えること）の伝承者がいなくなるのを恐れたのである。そこで天皇は八条宮智仁親王《はちじようのみやとしひと》を田辺城に派遣し、幽斎に開城を勧めたものの、これは拒否され籠城戦は続いた。討ち死にの覚悟を示した幽斎は、朝廷に『源氏抄』と『二十一代和歌集』を献上し、八条宮智仁親王に『古今集証明状』を贈呈した。

諦めきれない天皇は、勅使として幽斎の歌道の弟子・三条西実条《さんじようにしさねえだ》、中院通勝《なかのいんみちかつ》、烏丸光広《からすまみつひろ》を東西両軍に派遣し、講和を命じた。幽斎は勅命に従って講和を決意、九月三日に田辺城を開城した。そして、西軍の前田茂勝の居城・丹波亀山《かめやま》城（京都府亀岡市）に連行された。この間、西軍の約一万五千の兵は田辺城に釘付けとなり、関ヶ原に向かうことができなかった。

三条西家から幽斎に伝わった古今伝授は、近世に至って後水尾《ごみずのお》天皇ら歴代天皇や上層公家に伝えられ、御所伝授として確立した。古今伝授は幽斎の命を救っただけでなく、伝統をも救ったとされている。

✕田辺城攻めは本意ではなかった

先に示したように、田辺城を攻囲した西軍諸将の面々には幽斎の弟子が多かったため、攻撃の手を緩《ゆる》めたことになっている。しかし、そのような美談で片づけてよいのだろうか。

慶長五年七月十七日、前田玄以、増田長盛、長束正家の三奉行は連署して、但馬の大名・別所吉治《べっしょよしはる》に書状を送った（『松井文庫所蔵古文書調査報告書』二）。詳しい内容は、以下のとおりである（現代語訳）。

細川忠興は何の忠節もないのに、秀吉に取り立てられた福原長堯の旧領（豊後国速水郡《はやみぐん》）を家康から与えられ、さらに今度は、何ら落ち度のない上杉景勝を追討するため家康に加勢し、細川氏の一門はすべて会津征討に赴いた。秀頼公から細川氏を成敗するため、丹後に軍勢を送ることになったので、軍忠を尽くしてほしい。軍功によって褒美を遣わす。

ほかの諸大名にも、おそらく同様に出陣命令があったのだろう。とはいえ、彼らがやる気満々で田辺城に向かったのかは疑問である。七月十九日、細川幽斎は西軍の赤松広秀に書状を送っている（「大山崎町歴史資料館所蔵文書」）。概要を次に示しておこう。

幽斎は上杉景勝の行動について、力や欲に任せたものと指摘する。やや婉曲的《えんきよくてき》な表現でわかりづらいところもあるが、幽斎は広秀にお目に掛かって相談できれば、詳しいことをお伝えしたいとし、そのときに情勢を教えてほしいとする。少なくともこの段階において、幽斎と広秀は、まだ相談できる関係にあった。幽斎は西軍の面々に対して、糺《ただ》すべきだと述べている。広秀は儒学《じゆがく》の祖といわれる藤原惺窩《ふじわらせいか》から親しく教えを受けていたので、その関係から幽斎を知っていた可能性がある。

八月六日、広秀は細川氏の家臣・松井康之に書状を送った（『松井文庫所蔵古文書調査報告書』三）。書状の冒頭では、この度の不慮《ふりよ》（田辺城攻撃）について心中を察するとし、田辺城が西軍の攻撃を受けていることを伝えている。そして、そちらは大丈夫だろうから、上洛して諸事について、忠興の指示を受けるべきだと述べる。

このように広秀が状況を伝えるということは、西軍に属していることが、実は本意でなかった可能性を示している。関ヶ原合戦後、広秀はすぐに東軍に転じて鳥取城を攻撃。しかし城下に火を放った罪で家康に咎《とが》められ、切腹に追い込まれたという。

合戦後、田辺城攻撃に参加した小野木重次は東軍に攻められ、丹波亀山城（京都府亀岡市）で自害に追い込まれたが、ほかの西軍の諸将はおおむね赦《ゆる》されている。『寛政重修諸家譜』には、谷衛友が裏で細川氏とつながっていたと書かれており、二次史料の記述ではあるが、最初から戦う意思が乏しかったことが推測される。

西軍諸将が幽斎の弟子であったか否かはさておき、丹波・但馬の諸将は幽斎討伐の命を受けたものの、田辺城攻めは本意でなく、渋々応じていた可能性が高い。その理由は出陣を断ってしまうと、自らが危険にさらされるからである。田辺城に出陣した西軍の面々の多くは、東軍つまり家康に心を寄せていた可能性がある。

徳川軍の精鋭はどちらか

三成、輝元の決起を受けて、慶長五年（一六〇〇）七月二十五日に「小山評定」を終えた家康は、まず三成らの討伐を最優先した。その際、家康は秀忠とは別ルートで進軍することにした。

関ヶ原合戦における東軍の主役は、いうまでもなく家康であった。家康は、三万数千の軍勢を率いて西上の途についた。一方、子の秀忠も三万数千の軍勢を率いて、八月二十四日に宇都宮（栃木県宇都宮市）を出発し、中山道《なかせんどう》を通って西上の途についた。家康や秀忠が率いた軍勢の主たる面々は、のちほど挙げることにしよう。ともに、ほぼ同数の軍勢だったと考えられている。

なぜ、二人は別々のルートで西上したのであろうか。これまでは、単に二手に分かれ、秀忠は中山道のルートで美濃へ向かうよう指示されたと考えられていた。しかし現在では、秀忠は西軍に与した真田昌幸・信繁父子が籠もる上田城（長野県上田市）を落とすため、家康から中山道のルートを進軍するよう命じられたとされている。

真田氏は東軍、西軍から味方になるように誘われており、逡巡していた。そこで昌幸は、長男の信幸（信之）の妻が本多忠勝の娘であったことから信幸は東軍へ所属するよう命じ、自らは信繁とともに西軍に身を投じた。信繁の妻は、大谷吉継の娘だった。この決断が有名な「犬伏《いぬぶし》の別れ」である（犬伏は栃木県佐野市の地名）。

家康軍・秀忠軍はほぼ同数とはいえ、常識的に考えるならば、当主である家康の率いる部隊の方が精鋭なのが自然であろう。あるいは、ともに重要な任務を負う以上、どちらが精鋭ともいい難いかもしれない。

ところが笠谷和比古氏は、秀忠の率いた軍勢の方が精鋭であったと指摘する（笠谷：二〇〇八）。なぜ秀忠の率いる軍勢が精鋭だったのであろうか。以下、笠谷氏の研究に基づき、考えることにしよう。

⚔軍勢の基本単位「備」

笠谷氏によると、当時の軍勢は「備《そなえ》」を基本単位として構成されていたという。一つの「備」では、旗頭《はたがしら》、侍大将を中心とし、騎馬士、槍《やり》部隊の徒士《かち》、足軽の鉄砲・弓の部隊で構成されており、それが戦いにおける基本的な単位となっていた。おおむね戦闘の手順は、次のとおりである。

①足軽鉄砲隊が敵陣に一斉射撃をして攪乱する。
②槍部隊が敵陣に突撃する。
③騎馬隊が敵陣に進撃する。

当時の飛び道具の主流は鉄砲だったが、相変わらず弓も有効な武器だった。それらを用いて遠方から攻撃を仕掛け、続いて槍隊が突入した。もう常識となりつつあるが、最初から刀を振りかざして、互いに一騎打ちを臨むことはあまりなかった。最後に組討《くみうち》になった際、刀で首を搔《か》き切っていたようである。多くの部隊では、右の手順に従って、攻撃をしていたと考えてよい。

「備」は総大将の構える旗本備《はたもと》を中心に、それを囲むようにして、先手備《さきて》（先鋒）、中備、脇備、後《あと》備・殿《しんがり》備と配置された。戦いを行うのは、主に先手備の役割であった。

そのほかの「備」は、総大将の本陣や旗本備の防御、または先に攻撃をした味方の後詰や第二波攻撃を任務とした。旗本備は本陣と総大将の守備を任務とし、攻撃は本来の目的としなかったという。

余談になるが、備は軍勢ばかりで構成されていたわけではない。旗持ちや武具を持つ者など、直接戦闘に関わらない者もいた。兵站《へいたん》を担当する小荷駄《こにだ》隊（物資の補給などを担当する部隊）も同じで、食糧などの調達に専念した。

また、合戦に際しては軍法が定められ、さまざまな規律が規定された。そのなかで一番の問題となったのが、抜け駆けである。抜け駆けとは、命令を無視して無断で敵に突撃する行為である。それに類した行為のなかには、後ろの備にいた者が前の備に潜《もぐ》り込むことがあった。また、脇道などから、勝手に先に進む者もいたという。軍法では当主や組頭などの命令は絶対であるとし、抜け駆けの禁止なども定めた。むろん、家康も軍法を定めていた。

譜代に加え一万石以上が十余人もいた秀忠勢

問題になるのは、備の質である。秀忠は直属となる譜代二十三人（うち一万石以上が十二人）で構成された備のほかに、一万石以上の武将を十余人も抱えており、独立の備を多数構成できる本格的な軍団だった。秀忠の率いる軍勢は、徳川家譜代の家臣が中心となって構成されており、これに下野・上野《こうずけ》、信濃の大名たちが加わっていた。主だった大名としては、榊原康政、真田信幸（信之）、森忠政、日根野吉明、酒井家次《さかいいえつぐ》などを挙げることができよう。

笠谷氏は、家康・秀忠の率いる軍勢の戦力は、単に兵の数で決定するのではなく、あくまで質によって左右されると指摘する。端的《たんてき》にいえば、攻撃に適した先手備が厚く、充実しているかがポイントになる。したがって、一万石以上の武将であれば、独立した「備」の構成が可能であり、一万石以上の武将をどれだけ率いているかがカギとなると指摘する。この点はもう少し説明が必要だろう。

備は前方に先手備（先鋒）、その後ろに中備があり、さらにその後ろに旗本備があった。旗本備の両サイドには脇備が置かれ、旗本備（総大将）の後には殿備が続いた。ちょうど旗本備（総大将）を中心にして、前後左右を守るような布陣である。この中で攻撃に徹したのは、先手備（先鋒）である。

たとえば先手備の場合なら、旗頭を中心として、前から足軽鉄砲隊、槍隊、騎馬隊が配置された。これだけの軍勢を構成するには、少なくとも大名クラスの一万石以上でないとなしえない。しかも石高が多ければ多いほど、引き連れる軍勢が多くなるのだから、当然の理屈である。

ところが笠谷氏の指摘に対して、桐野作人氏の反論がある（桐野：二〇一二）。右に示した秀忠の率いた主な面々は、小山評定ののちに宇都宮残留組、家康勢編入組、秀忠勢残留組（ほかに西軍呼応組）に再編成されたものである。その結果、秀忠の部隊から家康の軍勢に編入された大名も少なくない。桐野氏によると、かえって秀忠の率いる軍勢の方が弱体化したと指摘する。

改めて秀忠の軍勢を確認すると、約三万八千七十騎だったという（『朝野《ちょうや》旧聞《きゅうぶん》裒《ほう》藁《こう》』）。これには、信州の大名五名分（真田信幸、仙石秀久《せんごくひでひさ》、森忠政、日根野吉明、石川康長《いしかわやすなが》）の軍勢が含まれている。彼らの総石高は約三十万六千石といわれているので、百石につき三人の軍役で計算すると、軍勢は九千百八十人になる。

右の計算によると、秀忠の純粋な軍勢は約二万九千となる。この数字は、秀忠が宇都宮を出陣したときの軍勢を三万八百余とする史料があるので、さほど数に大差はなく（『徳川実紀』）、秀忠の軍勢は約三万と考えてよいだろう。ただし、信濃の諸将以外にも加わった者がいると想定されるので、実際はもう少し多かったかもしれない。

秀忠勢は真田昌幸・信繁父子が籠もる上田城を攻撃する目的があったので、どうしても信濃の諸大名の力が必要だった。そこで、徳川家譜代の家臣を中核部隊としつつも、混成部隊になったと考えられる。

✕兵数では秀忠を上回った家康勢

一方の家康は、実は自らが語っているように、その軍勢は「旗本の侍共ばかり」であったという（『岩淵夜話《いわぶちやわ》』）。家康の率いる直属の軍勢は、一万石以上の武将を欠き、防御的な性格を持つ寄せ集めに過ぎなかったと笠谷氏は述べる。ただし、これは後世に成った二次史料が根拠であるだけに信頼性が乏しく、少しは割り引いて考えるべきだろう。

桐野氏の指摘によると、小山評定後に家康の軍勢に編入されたのは、松平忠吉《まつだいらただよし》、井伊直政、本多忠勝、松平忠政《まつだいらただまさ》、松平清匡《きよただ》らであり、東軍は井伊直政、本多忠勝の二人を軍目付としながら、豊臣家譜代と称される諸大名が率いる軍勢だった。家康の本隊は、徳川家の一門・譜代および旗本らで構成されていたが、諸大名が加わったという意味で、秀忠と同じく混成部隊だったといえる。

家康が率いる軍勢は、通説によると三万二千七百三十騎だったという（『朝野旧聞裒藁』）。この数には、井伊直政と本多忠勝が率いた軍勢が含まれていない。井伊直政が十二万石といわれているので、百石に三人の軍役《ぐんえき》で算出すると約三千六百人となる。本多忠勝は近習《きんじゅう》約四百人と推定し、合計約四千人となる。忠勝の軍勢が少ないのは、嫡男の忠政が別に約二千五百という部隊を引き連れて秀忠軍に加わっていたからだった。

これに先の三万二千七百三十を加えると、三万六千七百三十となる。あくまで推計ではあるが、家康の軍勢は秀忠の軍勢（約三万）よりも、六千七百人ほど多く、通説と人数が大きく食い違う。

改めて笠谷氏の指摘を確認し、家康・秀忠両軍の軍勢を比較すると、兵数そのものは、ともに三万数千とほとんど変わりはない。しかし、秀忠の率いる軍勢は、直属の旗本備のほかに十余人もの一万石以上の武将を抱え、独立した「備」を構成し得る本格的な軍団を編制していた。したがって、秀忠の率いた軍勢は、精鋭ということになろう。

ところが、桐野氏の先述した指摘を見る限り、軍勢に関してはほぼ同数ではなく、家康の方がかなり多かったであろうことが推定できる。結局は数の問題ではなく、備に質的な差異があったか否かということになろう。

✕家康勢の「一之御先」「二之御先」

質的な差異について、桐野氏は検討を行った。秀忠の軍勢は十二人の譜代大名が一万石を超えていたが、家康の軍勢はそれが七人に過ぎなかった。しかし、戦いが濃尾地方一帯に展開するならば、大垣《おおがき》城を攻めた松平康長《やすなが》ら、四人の譜代大名も家康の後備の構成員としてカウントすべきであるという。そうなると、家康の一万石以上の譜代大名は十一名になる。

それだけではない。桐野氏は「一之御先《おさき》」「二之御先」という視点から、備の構成を検討した。「一之御先」「二之御先」とは、天正十八年（一五九〇）の小田原合戦で先鋒を務めた武将たちで、井伊直政、本多忠勝ら七人の武将だった。戦後、彼らは三万石以上の大名に引き立てられていた。むろん、彼ら以外にも「一之御先」「二之御先」の有資格者が存在したと指摘する。

たとえば、本多忠勝は手勢がわずか四百余だったが、美濃赤坂（岐阜県大垣市）に到着後は桑山一直《くわやまかずなお》らが与力として付けられ、松尾山《まつおやま》（岐阜県不破《ふわ》郡関ケ原町）の小早川秀秋の攻撃に備えた。また、松平忠吉は一門大名に取り立てられており、出陣に際しては、舅《しゅうと》の井伊直政がサポートした。忠吉は忍《おし》（埼玉県行田市）に十万石を領しており、約三千は率いていたと推測されるので、「一之御先」の有資格者である。

このように考えてみると、家康の軍勢には「一之御先」「二之御先」の有資格者がほかにもおり、決して秀忠の軍勢に見劣りしなかったと指摘する。また、戦闘が広域に広がったので、備は関ヶ原一ヵ所に集中したのではなく、分散していたとも指摘されている。つまり、さまざまな諸条件を加味しないと、優劣は論じられないということになる。結果、笠谷氏の見解に対する桐野作人氏による批判は、①家康・秀忠の軍勢は、会津征討のために前軍・後軍に編制されていること、②それゆえ任務や役割が異なっていること、③陣立《じんだて》構成としては、家康軍と秀忠軍は一体かつ不可分の関係にあったこと、に集約される。結論をいえば、家康・秀忠の軍団の量的・質的な優劣を論じることは、さほど意味がないということになろう。

右の議論にかかわらず、秀忠の軍勢のほうが精鋭だったというのが笠谷和比古氏の持論であり、近年刊行された著作でも再説されている（笠谷：二〇二二）。

すでに述べたとおり、一万石以上の大名が多ければ精鋭であり、そうでなければ（一万石未満の旗本が多ければ）、精鋭でないという議論には賛同し難い。また、旗本中心の家康の部隊が「旗本中心の寄せ集め」で、「防御的な部隊」であることを再説しているが、肝心要の家康が討たれては元も子もないのであるから、残念ながら従うことができない。どちらの軍勢が精鋭なのかを論じるのは、意味がないと考える。

家康が称えた安濃津城の戦い

徳川家康の会津征討に従軍していた安濃津城主・富田信高《とみたのぶたか》、上野《うえの》城主・分部光嘉《わけべみつよし》、松坂城主・古田《ふるた》重勝《しげかつ》、岩手城主・稲葉《いなば》道通《みちとお》ら伊勢に本拠を置く諸将は、下野小山（栃木県小山市）から西軍の攻撃に備えて伊勢に帰国した。信高と光嘉はともに伊勢湾を船で横断したが、西軍の九鬼《くき》嘉隆《よしたか》に捕らえられた。しかし、二人は西軍に与すると言いくるめ、伊勢国に上陸することができたという。

一方、西軍も毛利秀元、吉川広家、安国寺恵瓊、長宗我部盛親、鍋島勝茂、長束正家らの率いる三万余の大軍で、伊勢を制圧すべく出陣した。これには、九鬼嘉隆の率いる水軍も加わっていた。

分部光嘉は富田信高の籠もる安濃津城（三重県津市）に入り、西軍の攻撃に備えたが、兵力は大変乏しく、古田重勝からの援軍を加えても、わずか千八百ほどにしかならなかった。彼らは家康に援軍を要請しようとしたが、海上は九鬼嘉隆が封鎖《ふうさ》しており、陸路も障害が多かった。現実的に、家康との連絡は厳しかったのである。

慶長五年八月二十三日から伊勢では東西両軍の小競り合いが始まっていたが、翌日から戦闘が本格化した。信高、光嘉らはよく戦ったが、兵力差は歴然で、圧倒的な不利を挽回するのは困難であった。そして八月二十五日には、高野山の僧侶・木食《もくじき》上《しょう》人応《にんおう》其《ご》の仲介によって、信高らは西軍に降伏し安濃津城を開城した。信高は一《い》身田《しんでん》（三重県津市）の専修《せんじゅ》寺に入り、その後は剃髪《ていはつ》して高野山に入寺した。

一方、松坂城主・古田重勝は、あえて西軍の軍勢と戦わなかった。むしろ和睦を申し出て時間を稼ぎ、関ヶ原合戦が終了しても持ちこたえたという。

関ヶ原合戦後、安濃津城主・富田信高、上野城主・分部光嘉、松坂城主・古田重勝、岩手城主・稲葉道通の四名は、安濃津城をめぐる戦いなどで敗北はしたものの、その軍功は家康から称《たた》えられた。

この戦いには吉川広家も従軍し、西軍として大いに活躍した。「伊勢国津城合戦手《て》負討死注文《おいうちじに》」によると、吉川家の手の者が多数負傷したことが判明する（「吉川家文書」）。また、広家は感状を多数発給した。この時点で広家は、東軍の黒田長政と書状のやり取りをしていたが、上方にいながら東軍に与することは不可能だった。広家は田辺城を攻めた西軍諸将と同じく、安濃津城攻めに加わらざるを得なかったというのが実情だったと考えられる。

西軍についた織田信長の嫡孫

同じ頃、岐阜城主の織田秀信《おだひでのぶ》は西軍に属し、東軍を迎え撃とうとしていた。そもそも秀信は家康に従い、会津征討に出陣する予定であったが、準備が整わず、出発が遅れたといわれている。その後、石田三成から美濃・尾張の二ヵ国を与えるとする条件を提示され、西軍に与したという。秀信は織田信長の嫡孫《ちゃくそん》ながらも、豊臣政権下では勢力を拡大するチャンスに恵まれなかった。三成の提示した条件は、心揺れるものがあったのかもしれない。

秀信が西軍に属することを決めると、清須城（愛知県清須市）に集結していた福島正則・池田輝政の諸将は、戦いの矛先《ほこさき》を美濃に向けた。むろん秀信は対策に余念がなく、岐阜城を中心にして東軍の攻撃に備えた。

慶長五年八月二十二日の早朝、池田輝政の軍勢は、尾張国葉栗郡河田《はぐりぐんかわだ》（愛知県一宮市）から美濃国羽栗郡河田島《はぐりぐんこうだじま》（岐阜県各務原《かがみはら》市）を経て木曽川を渡ろうとした。百々綱家《どどつないえ》ら織田方の率いる軍勢は鉄砲隊で応戦するが、池田方の軍勢は木曽川を越えることに成功した。勢いに乗った池田方は、同日の昼頃には百々綱家らの軍勢と美濃国羽栗郡米野《この》村（岐阜県笠松町）で交戦し勝利を得たのである。

秀信は自ら出陣し、池田軍と羽栗郡印食《いんじき》（岐阜県岐南《ぎなん》町）で戦うが敗北を喫し、むなしく岐阜城へ引き上げた。一方、福島正則は、前日の二十一日に尾張国中島郡起《なかしまのこおりおこし》（愛知県一宮市）から木曽川を渡ろうとしたが、竹ヶ鼻《たけがはな》城主・杉浦重勝《すぎうらしげかつ》を中心とする織田方の軍勢の反撃に遭い、このルートからの渡河を断念した。しかし同日の夜、福島軍はさらに南下して木曽川の下流に移動し、東加賀野井（岐阜県羽島市）から木曽川を渡ることに成功している。

加賀野井城（岐阜県羽島市）に到着した福島軍は、北上して竹ヶ鼻城（岐阜県羽島市）を包囲した。杉浦重勝は援軍に駆けつけた毛利広盛《もうりひろもり》らと反撃するが、正則と旧知である広盛は降伏勧告に従ってしまった。重勝は残った城兵と抵抗を試みるが、ついに城に火を放ち、自害して果てた。こうして池田輝政と福島正則は織田軍を次々と打ち破り、岐阜城の近くで合流すると、荒田《あらた》川の河川敷に布陣したのである。

岐阜城に援軍来たらず

八月二十二日の夜、窮地に立たされた秀信は、西軍が駐屯していた犬山城（愛知県犬山市）と大垣城（岐阜県大垣市）に援軍の要請をした。秀信の作戦は岐阜城を拠点とし、援軍の到着を待って、東軍を挟み撃ちにするものだったという。秀信の家臣の一部からは岐阜城に残存兵力を集結させ、籠城に徹すべきという献策もなされたが、却下された。改めて秀信は態勢を立て直すべく、岐阜城に自身と弟・秀則《ひでのり》を置き、岐阜城へ向かう稲葉山砦《いなばやまとりで》、権現山《ごんげんやま》砦、瑞龍寺山《ずいりゅうじさん》砦と登山口の四カ所に兵を分散し、守備を固めた。

八月二十三日早朝、東軍は西の方県郡河渡《かたがたぐんごうど》（岐阜市）に田中吉政、藤堂高虎、黒田

長政らを、東の各務郡新加納村《かがみぐんしんかのう》、長塚村、古市場村（以上、岐阜県各務原市）に山内一豊、有馬豊氏《ありまとようじ》、戸川達安《とがわみちやす》、堀尾忠氏らを布陣させた。むろん、大垣城、犬山城から西軍の援軍がやってくることを警戒していた。

その直後、東軍の浅野幸長が瑞龍寺山砦へ攻撃を開始すると、続いて井伊直政が稲葉山砦、権現山砦に攻め込んだ。福島正則は、登山口から岐阜城へと迫った。こうして岐阜城は完全に包囲されてしまったが、落城寸前の岐阜城に援軍はやって来なかった。それどころか犬山城主の石川貞清《いしかわさだきよ》は籠城の最中、東軍に寝返ったのである。こうして岐阜城は、東軍の圧倒的な兵力の前に屈した。

ぎりぎりまで秀信は抵抗し、最後は自害しようとするが、池田輝政や家臣らの説得により思い止まった。秀信は岐阜城下の浄泉坊（円徳寺）に入り剃髪した。その後、秀信は高野山に上り、慶長十年（一六〇五）に高野山麓の向副《むかそい》（和歌山県橋本市）で没した。

九州勢を食い止めた大津城

慶長三年八月に秀吉が病没すると、京極高次《きょうごくたかつぐ》に急接近したのが徳川家康である。おそらく家康は、京都への入り口となる高次の居城・大津城《おおつ》（滋賀県大津市）が、重要な拠点になると予測したのであろう。家康は大津城が破損していることを知ると、高次に修繕費用として白銀三十貫文を与えた。高次の心は、家康に傾いたのかもしれない。しかし慶長五年に三成が挙兵すると、高次は西軍に与し、前田利長を牽制《けんせい》すべく二千の兵を率いて出陣した。西軍には、人質として子の熊麿《くままろ》（のちの忠高《ただたか》）を送っていた。

この間、三成は西軍のために大津城を明け渡し、兵を置くことを高次に要請したが、断られたという。そして八月二十三日に織田秀信の籠もる岐阜城が陥落すると、高次は態度を一変し、近江へと引き返した。岐阜城の落城は、まったくの想定外のことだったのであろう。以後、高次は、清須に進出していた弟・高知《たかとも》と連絡しながら状況を見定めた。高知は家康の会津征討に参陣していたが、三成蜂起《ほうき》の一報を受け、西上の途についていた。

九月三日、高次が大津城で籠城の準備を進め、東軍へ寝返ったことが明らかになった。同日、高次は家康に密書を送り、内応することを伝えていた。正室である初《はつ》の姉・淀殿《よどどの》は使者を派遣し、何度も高次に翻意《ほんい》を促したが、ついに説得工作は成功しなかったという。

九月十二日、西軍は立花宗茂《たちばなむねしげ》、毛利元康、毛利秀包《ひでかね》、筑紫広門《つくしひろかど》、宗義智ら九州の諸大名が大津城を攻撃した。その兵力は、約一万五千という大軍であった。そ西軍は大津城に大砲を撃ち込み、天守が大破するなど、激しい攻防戦となった。その際、高次の姉・寿芳院《じゆほういん》が気絶し、その侍女《じじよ》二人が巻き添えで亡くなる。城内は恐怖に包まれ、厭戦《えんせん》ムードが漂《ただよ》ったものの、高次は徹底抗戦の構えを崩さなかった。

九月十四日、西軍は高野山の木食上人応其を大津城に派遣し、高次に降伏を求めた。すでに高次には情勢を挽回する目処《めど》はなく、家康との連絡も困難だった。高次は継続して戦う意思はあったが、ついに降伏勧告を受け入れた。東軍が関ヶ原合戦で勝利を得たのは、その翌日十五日のことである。

西軍に降伏した高次は、その日のうちに三井寺《みいでら》（滋賀県大津市）に入り剃髪《ていはつ》。その後、高野山へ上ったが、家康は高次が大津城で西軍を食い止めたことを高く評価していた。家康は高野山へ使者を送ると、再三にわたって高次に出仕を求めている。当初、高次は家康の求めに応じなかった。やがて家康の要請に応えると、高次は若狭小浜《わかさおばま》（福井県小浜市）に八万五千石を与えられた。破格の扱いであったことは間違いない。こうして高次は、表舞台に復帰したのである。

⚔徳川軍を翻弄した真田の上田城

真田昌幸が三成挙兵の一報を知ったのは、下野犬伏（栃木県佐野市）の地であった。慶長五年七月二十一日のことである。「表裏《ひょうり》」の人と称される策略家の昌幸は、思い切った行動に出る。それは、長男・信幸（信之）はそのまま東軍に従い、昌幸自身と次男・信繁（幸村）が上田城に戻って西軍に味方するというものであった。これが先述した「犬伏の別れ」と称されるエピソードである。

なぜ昌幸は、このような判断を下したのであろうか。もし仮に、三人が東軍に与して敗北を喫した場合、真田家が滅亡してしまう。しかし、それぞれが東西両軍に分かれていれば、一方が負けても家は残る。昌幸は真田家の永続を願って、究極の決断を下したと推測される。

八月二十四日、約三万四千の軍勢を率いた秀忠は宇都宮を出発し、中山道をひたすら行軍した。八月二十八日に松井田《まついだ》（群馬県安中市）を経て、九月一日に軽井沢（長野県軽井沢町）に到着。秀忠の進む中山道の先には、真田昌幸と信繁が籠もる上田城があった。そして九月二日に小諸《こもろ》（長野県小諸市）に着くと、秀忠は昌幸に対して、東軍に与するように勧告した。

説得に向かったのは、真田信幸と本多忠政だったが、百戦錬磨の昌幸は返事を先延ばしにして、籠城のための時間稼ぎを行った。九月四日以降、昌幸は挑発的な回答を行ったため、翌日から秀忠は昌幸方の城砦《じょうさい》を攻撃するなどした。以後も両軍の小競り合いが続いたものの、昌幸の戦いぶりは実に巧妙であった。

たとえば、上田城外へ出た真田軍は、徳川軍に攻撃されるとすぐさま城内に逃走した。しかし、それは昌幸の作戦で、徳川軍が大手門へ近づくと、城内の鉄砲隊が一斉に射撃をして徳川軍を蹴散らした。このような意外な作戦によって、真田軍は徳川軍を相手にして、一歩も引けをとらなかったといわれる。

秀忠の遅参を招いた悪条件

上田城攻略に手を焼いている最中の九月八日、秀忠は家康より上洛を命じる書状を受け取った（『森家先代実録』所収文書）。そこで、秀忠は上田城攻撃を断念し、押さえの兵を残して西へと急いだ。

九月六日、家康は福島正則に書状を送り、秀忠は九月十日頃に赤坂に到着するだろうと述べているが（「福島文書」）、実際は大雨によって、家康が派遣した使者の到着が遅れていた。上洛を命じられた秀忠が、小諸を出発したのは九月十日である。

ところが、戦いによる遅延に加え、道中の悪天候が災いし、思うように歩を進めることができなかった。九月十三日に下諏訪《しもすわ》（長野県諏訪市）に到着した秀忠は、九月十七日に妻籠《つまご》（長野県南木曽町）に至り、そこで東軍の戦勝を知ったという。

家康サイドでは秀忠軍の遅延が問題となり、協議に及んだが、井伊直政は待たずして決戦を主張し、本多忠勝は待つことを主張する有様であった（『朝野旧聞裒藁』慶長五年九月十一日条）。結局、九月十五日の関ヶ原本戦に、間に合わないという大失態を秀忠は演じたのである。

秀忠が中山道を行軍した理由について、考えなくてはならないのがリスク管理である。家康と秀忠は、池田輝政と福島正則の先鋒部隊と合流する予定だったが、ルートを一つに限るわけにはいかなかった。たとえば、途中で思いがけず敵対勢力に遭《あ》ったり、自然災害で道が遮《さえぎ》られ、遅延することが想定される。東海道は富士川、天竜川などの大河川が多く、順調に進軍できるとは限らなかった。部隊を二つに分けたのは、単に秀忠が上田城の真田氏を叩くだけでなく、リスク回避だったという視点も必要だろう。

秀忠の遅参は失態といえばそうかもしれないが、実態としては連絡の遅延や悪天候という悪条件が重なった、不幸な出来事だったといえるだろう。後世の編纂物が秀忠の失態をことさら強調するのは、何らかの意図があってのことと考えられる。

●図● 関ヶ原本戦参加両軍主要武将

西軍	東軍
石田三成	徳川家康
島津義弘	福島正則
小西行長	黒田長政
宇喜多秀家	細川忠興
大谷吉継	加藤嘉明
戸田重政	田中吉政
木下頼継	筒井定次
平塚為広	松平忠吉
赤座直保▲	井伊直政
小川祐忠▲	本多忠勝
朽木元綱▲	藤堂高虎
脇坂安治▲	京極高知
小早川秀秋▲	蜂須賀至鎮
毛利秀元	寺沢広高
吉川広家▲	有馬則頼
安国寺恵瓊	山内一豊
長束正家	浅野幸長
長宗我部盛親	池田輝政

▲は寝返った武将

第六章
決戦関ヶ原

✕なぜ決戦の地が関ヶ原なのか

関ヶ原合戦は「天下分け目の戦い」と称されたが、なぜ関ヶ原が戦いの場所に選ばれたのかは、あまりわかっていない。というよりも、もはやそれが自明のこととされ、さほど考えが及ばなかったというのが実情であろう。近年、境界争いという観点から、その点を鋭く追求したのが盛本昌広《もりもとまさひろ》氏である（盛本：二〇一四）。以下、盛本氏の研究を参考にしつつ、関ヶ原が戦いの場所に選ばれた理由を考えることにしよう。

関ヶ原は、現在の岐阜県不破郡関ケ原町に所在する。関ヶ原の「関」とは、関所を意味する。それは、六七三年に天武《てんむ》天皇の命により設置された「不破の関」のことである。設置された理由は飛鳥浄御原宮《あすかきよみはらのみや》（奈良県明日香村）を守るためであり、鈴鹿関《すずかの》（三重県亀山市）、愛発関《あらちの》（福井県敦賀市と滋賀県高島市の境）とともに三関と称された。不破の関は、現在の不破郡関ケ原町松尾に所在した。

地理的にいうと、関ヶ原は岐阜県の南西端に位置し、伊吹《いぶき》・鈴鹿両山地に挟まれた小盆地である。古くは中山道・北国《ほっこく》街道・伊勢街道の分岐点にもあたり、宿駅が置かれていた。

関所は、一般的に国境付近に作られ、山、峠、河川など境界を示す地点に設置されることが多かった。不破の関は、東国と畿内の境を結ぶ関所として、古くから重要視されていたが、険しい地であり、積雪量も非常に多かった。風も強く、天気が不安定な地域でもある。それゆえ、前近代に生きる人々が、不破の関を越えて近江に入るのには相当な苦労が伴った。

西軍は西国への侵入口の関ヶ原で東軍を食い止めねばならず、逆に東軍が勝利を手にするためには関ヶ原を突破し、畿内へ侵攻する必要があった。また、関ヶ原からほど近いところには、三成の本拠の佐和山城（滋賀県彦根市）があったので、家康の侵攻を決して許してはならなかったのである。

つまり、関ヶ原は東と西を分ける地点と認識されており、それゆえに東西両軍が結集したのである。これは、決して偶然ではなかったといえよう。この地点で勝利を得た方が、その後の主導権を握るのである。関ヶ原が選択されたのは、行軍上のルートだったこともあるが、以上に述べた重要性が認識されていたからである。こうして西軍は関ヶ原に結集して、東軍を迎え撃ったのである。

×「関ヶ原」という地名表記は誤りなのか

近年、関ヶ原合戦が行われたのは「関ヶ原」でなく、「山中」であるとの説も提起されている。一次史料では合戦の場所が「山中」と表記されているので、従うべきだろうという見解である。この説に従うと、関ヶ原合戦があったのは、関ヶ原の西の山中（村）だったということになる。山中説は新説として注目されたが、にわかに賛同できないというのが正直な感想である

当時は現代のように正確な地図があるわけでもなく、家康らが関ヶ原付近の地理に詳しかったわけではないだろう。笠谷和比古氏が指摘するように、それは「山中（村）」という具体的な場所ではなく、単に「山の中」という意味で使われている可能性がある（笠谷：二〇二二）。笠谷氏が指摘するように、家康は平野部から山に囲まれた関ヶ原に至ったので「山中」と表記し、その後、関ヶ原と判明して訂正されたということになったのではないか。

合戦後の一次史料には、「関ヶ原」と書かれたものが多く、場所が「山中」になってしまうと、合戦の経緯と程遠くなってしまう。「山中」説は成り立たない。

✕決戦は抜け駆けで始まったのか

慶長五年（一六〇〇）九月十五日の早朝、いよいよ戦いの火ぶたが切って落とされた。その端緒を開いたのが、井伊直政による抜け駆けだったという。後世に成った『関ヶ

原御合戦当日記』には、次のように描かれている（現代語訳）。

直政は松平忠吉を伴い駆け出すと、先陣の福島正則の家来・可児才蔵《かにさいぞう》は直政を押さえて、「先陣は福島家である。ここは通せない」と留めた。直政はこれを聞いて「もっともだ」と述べ、「先陣を仕《つかまつ》るのではない。忠吉公のお供をして、偵察を仰《おお》せ付けられた。敵は間近で小勢ではない。通してほしい」というと、才蔵は承知して陣を開いた。すると、直政はすぐに飛び出し、島津の陣に突撃した。島津の足軽が鉄砲を撃ってきたが、構わずに攻め込んだ。

内容を整理すると、先陣は福島正則が仰《おお》せつかっていたが、直政は偵察をすると嘘をついて先陣をさしおき、そのまま島津の軍勢に突撃したということになる。抜け駆けである。ただ、直政が攻め込んだのは島津氏の陣営ではなく、実際は宇喜多氏の陣営だったと指摘されている。福島勢から島津氏の陣営は遠すぎる。直政の抜け駆けを見た福島勢は、すぐさま兵卒《へいそつ》に出陣を命じたという。結局、直政の抜け駆けが開戦につながったのである。

家康は軍法を発しているが、そのなかの最重要事項の一つに抜け駆けの禁止がある。当時、手柄に応じて恩賞が与えられたので、誰もがいち早く敵陣に攻め込んで軍功を挙げようとした。しかし、抜け駆けを認めてしまうと、たちまち秩序が乱れて統《とう》率《そつ》がとれなくなる。それが原因で負けることもあるので、抜け駆けを禁じたのである。『寛政重修諸家譜』によると、直政は「今日の合戦で抜け駆けをしたことについて、ほかの諸将は腹を立てているでしょうか」と家康に尋ねると、家康は上機嫌で「直政の行動（抜け駆け）は今に始まったことではない」と述べたという。直政には多少の後ろめたさがあったが、家康は抜け駆けを認めたということになろう。では、直政の行為は事実だったのだろうか。あるいは、何か事情があったのだろうか。

✕不明な点が多い松平忠吉

この問題のカギを握る人物が、直政が伴った松平忠吉である。天正八年（一五八〇）、忠吉は徳川家康の四男として誕生したが、のちに東条《とうじょう》松平家忠《いえただ》の養子になった。その後、武蔵忍《むさしおし》（埼玉県行田市）に十万石を与えられた。井伊直政の娘を正室とした忠吉は、関ヶ原合戦で初陣《ういじん》を飾り、敵の首を獲るなど、大いに軍功を挙げた。戦後、忠吉は尾張清須に五十二万石を与えられるが、慶長十二年（一六〇七）に二十八歳で亡くなり、後継者がなく絶家した。右の事情を斟酌《しんしゃく》すれば、直政が娘婿《むこ》の忠吉を伴った理由が理解できる。

要するに、忠吉は家康の子なので、直政は関ヶ原で初陣を飾らせようとしたのであろう。とはいいながらも、忠吉の関ヶ原までに至る詳しい経過はわかっていない。それは忠吉の家が断絶し、史料が散逸してしまった影響もあるだろう。ゆえに、その間の事情は、江戸時代からいろいろと穿鑿《せんさく》されていた。

江戸時代の政治家で儒者でもあった新井白石《あらいはくせき》は、『藩翰譜《はんかんふ》』のなかで検討を行っている。『藩翰譜』は元禄《げんろく》十三年（一七〇〇）、白石が甲府《こうふ》藩主・徳川綱豊《つなとよ》の命により編纂された。その内容は、慶長五年（一六〇〇）から延宝《えんぽう》八年（一六八〇）に至る諸大名三百三十七家の由来、および事績をまとめたものである。系図も付されている。ただし編纂物なので、十分な史料批判が必要なのは、いうまでもないだろう。

白石は同書のなかで、忠吉の関ヶ原合戦前の行動が不明なことを遺憾とし、忠吉の関ヶ原合戦における役割については、家康の代官として大将を命じられ、井伊直政、本多忠勝を軍奉行として、味方の大名を引き連れて攻め上がったと指摘する。笠谷和比古氏は白石の説について、忠吉＝家康名代《みようだい》説と名付けている（笠谷：二〇〇八）。笠谷氏は当初、白石の説に賛同を示していたが、やがて疑念を持つに至った。

忠吉の行軍の経過については、『藩翰譜』のなかに記述がある。忠吉は尾張清須城に至ると、福島正則、池田輝政を先鋒とし、諸大名に軍奉行として直政と忠勝をつけ、岐阜城に向かわせた。そして味方がすでに勝ったというので、忠吉も岐阜に向かい、織田秀信の降参を受けて、岐阜城を味方の武将に守らせたというのである。

ところが、忠吉が岐阜城を守らせたという事実は、一次史料で裏付けることができない。白石が根拠史料としたのは『黒田氏関原記』である。岐阜城攻めに関する一次史料が少なからずあるなかで、忠吉の名前が見えないことについて、笠谷氏は大きな不審を感じた。ゆえに、新井白石の忠吉＝家康名代説は疑わしいと指摘している。

あとからやって来た忠吉

笠谷氏は、一次史料はないとしながらも、二次史料をたどりながら忠吉の関ヶ原までに至る経過を推測している（笠谷：二〇〇八）。

『翁物語《おきなものがたり》』によると、慶長五年八月五日に家康が小山から古河《こが》（茨城県古河市）を経て江戸に戻る際、常陸下妻《ひたちしもつま》（茨城県下妻市）の大名・多賀谷重経《たがやしげつね》に襲われそうになった。そのとき徳川秀忠と結城秀康は宇都宮方面にいたが、忠吉も一緒に宇都宮にいたというのである。

『関原軍記大成』によると、同年九月一日、家康は豊臣系武将に背後から襲われることを懸念し、出馬を決めかねていた。すると、福島正則と黒田長政から書状が届き、出馬を要請されたので、家康は大いに喜び決意した。その際、家康は二人からの書状を忠吉らに見せたという。

同年九月十三日、忠吉は尾張清須にたどり着いたが、いまだ岐阜にまでは至っていないと記す（『大三川志《だいみかわし》』）。その翌日、家康は赤坂（岐阜県大垣市）の岡山陣所に着いたが、忠吉も一緒だったと記している。

右の経過から、忠吉は秀忠らとともに会津征討に向かい、宇都宮に陣を置いたことが推測される。宇都宮城の防備をした忠吉は、秀忠とともに中山道からの行軍をすることなく、家康に従った。慶長五年九月一日、忠吉は家康に従って東海道を西上し、九月十四日に美濃赤坂に到着した。笠谷氏は、途中で尾張清須、岐阜を経由していないと推測する。

ここで問題となるのが、なぜあとからやって来た忠吉が関ヶ原合戦で先鋒を務めたのかという疑問である。岐阜城の攻防戦では、福島正則と池田輝政が激しい先鋒争いを演じた。先鋒を務めると手柄を挙げやすいこともあり、武将の名誉あるいは誇りとされていた。したがって、まったくの初陣の忠吉が先鋒を務めるためには、それなりの理由が必要だったと笠谷氏は考える。

✕秀忠に代わる先鋒か、やはり抜け駆けか

笠谷氏は、最大の理由の一つとして、井伊直政と忠吉が舅《しゅうと》―婿という関係にあったことを挙げている。直政が軍奉行を務めていたのだから、忠吉がそこに居並ぶことに対して、ほかの武将は異議を唱えづらかったに違いない。また、忠吉が家康の四男だったことも影響しているだろう。

中山道を行軍した秀忠は、上田城を討滅後は、家康の軍勢と合流する予定だった。本来、秀忠が率いる部隊が関ヶ原合戦で先鋒を務めるはずだったが、それが叶わなかったので、代わりに忠吉が務めた。秀忠の先鋒への起用が前提だったならば、代わりに忠吉が先鋒を務めても、諸将は納得したことだろう。

直政の抜け駆けの経緯は冒頭に記したが、別の二次史料でも確認しておこう。まずは、井伊家側の記録『井伊家慶長記《いいけけいちょうき》』である（現代語訳）。

井伊軍がしきりに前に出ようとした。正則はこの様子を見て、今日の先陣は私が承ったので、直政の軍勢が前に出るのは狼藉《ろうぜき》である、とこれを制止しようとした。（中略）すると、直政は角《すみ》（隅）取紙《とりがみ》（方形の紙の四隅を切り取ったり折り込んだり

したもの）を竹の先に多く付け、魔のごとくそれを持って振りかざすや、忠吉とともに一番に敵陣に攻め込むと、兵卒らもそれに続いて攻め込み、正則の部隊もあとから攻め込んだ。

直政はじりじりと先に進み出たので、正則が制止しようとしたが、直政が忠吉とともに敵陣に突撃すると、ほかの兵卒や正則もあとに続いたというのである。直政と忠吉の抜け駆けは、半ばどさくさにまぎれて行われたような感がある。

ところが、松平家忠の孫・忠冬《ただふゆ》が編纂した『家忠日記増補追加』には、少々違ったニュアンスで描かれている（現代語訳）。

直政が忠吉を伴って、正則の脇備を駆け抜けて、先陣に進もうとした。福島家の武将・可児才蔵らの先鋒の兵卒は立ちふさがって、福島家が今日の先鋒を承っているので、何人《なんぴと》たりといえども陣を押割り、この備よりの抜け駆けは叶わないと言って、これを許さなかった。直政はもっともなことなのでこれに応じたが、前に出たのは斥候《せっこう》のためと断って、忠吉とともに敵陣に攻め込んだ。

似たような記述は、ほかの編纂物にも見えるが、直政は斥候つまり偵察だと強弁して、忠吉とともに抜け駆けに及んだというのである。とはいえ、たった二人で敵陣に突撃するのは、いささか不可解であるようにも感じてしまう。この辺りの事情は、どう考えるべきなのだろうか。

⚔一番槍の名誉を得た忠吉

笠谷氏は、直政と忠吉がたった二人で（あるいは数名の従者を伴って）敵陣に攻め込むことは、十分にありうることだと指摘する。

合戦の当日は、朝から深い霧が立ち込めて、視界不良という天候であった。敵陣に鉄砲部隊があることはわかっていたが、霧のため戦闘を開始する機会がうかがえず、全体として戦闘のムードが弛緩《しかん》していた。そのような事情から、直政と忠吉は霧に紛《まぎ》れて敵陣に近づき、馬上で吶喊《とつかん》（大勢の者が一時に大声をあげて叫ぶこと）突撃を実行し、敵兵を槍で倒して、無事に生還することは難しくはなかったという。とはいえ、最初から死傷は覚悟のうえだったと指摘する。

笠谷氏の指摘を要約すると、以下のようになる。

直政と忠吉は偵察のため前線に出たところ、たまたま敵と遭遇した。そこで、二人は自ら槍を取って敵と戦ったかたちを作り、抜け駆けをしたという非難を回避しようとした。同時に、家康の血を引く忠吉が、関ヶ原で一番槍を入れた事実を残そうとしたとする。足軽隊による銃撃戦よりも、忠吉が馬で敵陣に攻め込み、一番槍を入れたことは後世まで語り継がれる名誉になったというのである。

×直政自ら軍法を破ったのか

笠谷氏は一次史料が乏しいなかで、直政らは抜け駆けをしたのではなく、偵察をしているときの突発的な戦闘突入と考えたが、疑問がないわけではない。まず、偵察には比較的軽輩の者が行くと思われるが、大将格の人物が命を賭してまで行くものなのかということ、また手柄を立てるためとはいえ、無謀ともいえる危険な賭けに出る必要があったのかということである。

さらに、霧が深かったことは『慶長年中卜斎記』に書かれているが(時間の記載なし)、『庵主物語《あんじゅものがたり》』には巳《み》の刻(午前八時頃)には晴れたとある。同じく『関ヶ原御合戦当日記』には、巳の下刻に霧が晴れたと記している。いずれも二次史料の記述であるが、開戦時の午前八時にはおおむね霧が晴れていたと書かれている。これでは霧が深いため偵察に行き、偶発的に合戦になったとは考えにくい。

抜け駆けの件を考える前提として重要なのは、慶長五年八月四日に家康が諸大名に発した書状である（「相州《そうしゅう》文書」など）。そこには「今度《このたび》、先勢《さきぜい》として井伊直政を遣わしたので、作戦についてはよく直政と相談し、どのようなことも直政の指図次第になるので、それが本来の望みである」と述べている。つまり、戦いで実質的に家康の名代を務めたのは、直政だったのである。

次に重要なことは、直政自身が同年七月十五日に軍法を定めており、その二条目に抜け駆けを禁止した条文を置いていることである（「中村不能斎《なかむらふのうさい》採集文書」）。これは井伊家に限らず、一般的に軍法には抜け駆けの禁止はほぼ定められている。むろん、突発的に抜け駆けをせざるを得ない事情は考えられるが、直政自身がこれを率先して破るとは考えにくい。

私見としては、先述のとおり家康から戦闘全般を任された直政は、あらかじめ福島正則に対して、先鋒を譲ってほしい旨の断りを入れたと考える。戦闘開始も直政が指示し、全軍が一斉に突撃したと考えるべきであろう。そうでなければ、全軍の統率は図り難い。その場に忠吉がいたのかどうかは証明が難しいが、いた可能性は高いように思う。

後世の編纂物は、直政らの武勇を誇張するため、あえて抜け駆けの禁を冒してまでも敵陣に突撃し、大活躍した姿を描こうとしたに過ぎないのではないだろうか。その場に忠吉がいたことも、作為《さくい》が感じられなくもない。実際には戦闘の指揮を直政が任されていたので、正則はその指示に従い、先鋒を譲った可能性は高い。

結論として、直政の抜け駆けはなかったと考えざるを得ない。直政に指揮を任せるという家康の方針、および当日の直政の指示に従って、先鋒が正則から直政・忠吉に交代したというのが事実だったと考える。

✕小早川秀秋への「問鉄砲」はなかった

関ヶ原合戦が始まり、東西両軍が激突したが、最初から圧倒的に東軍が優勢だったわけではない。東西両軍入り乱れ、膠着《こうちゃく》状態にあったといえる。これに家康は苛立ちを隠せなかった。何よりはらわたが煮えくり返ったのは、味方になると約束していた松尾山の小早川秀秋が、一向に西軍の陣営に攻め込まなかったことである。

怒り心頭の家康は、配下の者に命じて、秀秋が陣を置く松尾山に鉄砲を撃たせた。家康から鉄砲を撃ちこまれた秀秋は気が動転し、慌《あわ》てて松尾山を駆け下り、大谷吉継の陣営に雪崩《なだれ》を打って攻め入った。一説によると、吉継は秀秋の裏切りを予想しており、数倍の敵を三度にわたって押し返したが、やがて力尽き、切腹して果てたという。

秀秋の裏切りにより西軍は崩れ、最終的に敗北した。

家康が松尾山に鉄砲を撃たせたのは「問鉄砲《といでっぽう》」といい、『黒田家譜』、『関原軍記大成』、『高山公実録《こうざんこうじつろく》』などの二次史料に書かれている。一次史料には、明確な記述はない。しかしこのエピソードは脈々と受け継がれ、今や関ヶ原合戦に関する小説、テレビドラマなどではすっかりおなじみのシーンとされる一つである。

ところが近年になって、白峰旬氏が「問鉄砲はなかった」ことを証明し、学界にも広く受け入れられつつある（白峰：二〇一四）。以下、秀秋が西軍から東軍に寝返った経緯を含めて、検討することにしよう。

⚔ 家康に接近する秀秋の家臣たち

実際、関ヶ原合戦の勝敗を決定づけたのは、小早川秀秋が西軍から東軍に寝返ったことが大きい。当時、十九歳の秀秋にとって、東西両軍のいずれに与するかは、非常に難しい判断であった。ここでは、直前の秀秋の状況について、少し考えてみよう。

秀秋が家康と誼《よしみ》を通じようとしていたことは、先述した『寛政重修諸家譜』（稲葉正成家譜）に記されている。改めて、もう少し詳しく説明しよう。

上杉景勝の対決姿勢が明らかになった頃、秀秋の家臣・稲葉正成が使者となり伏見へ赴いた。対応した家康の側近・山岡道阿弥は、上方で逆心の者があれば、秀秋は忠節を尽くすようにといわれたという。そこで、秀秋は兄・木下延俊《きのしたのぶとし》の居城である姫路城を借り受けたいと申し出て、家康の許可を得た。しかし、延俊はこれを拒否し、秀秋との関係を絶ったと伝えられる。秀秋が家康に接近したことは首肯《しゅこう》し得ても、姫路城を借り受けるのは、実際問題としてかなりの難があるといわざるを得ない。そもそも意図がはっきりとしない。

六月に家康が下向する際、稲葉正成と同じく秀秋家臣の平岡頼勝は家康に密事を言《ごん》上《じょう》するため、書簡を家中の大野作兵衛《おおのさくべえ》に託した。作兵衛は三河国岡崎《みかわのくにおかざき》で家康に拝謁《はいえつ》し、村越茂助《むらこしもすけ》を通して書簡を差し出した。家康は近々に正成の養子・政貞が家康に勤《きん》仕《し》するので、疑うべきところはないとし、忠勤を励むようにと作兵衛に黄金を与えたという。

東西両軍から捧げられた起請文

平岡が伝えた密事の内容とは、石田三成らが謀反を企てたこと、さらに秀秋に対して「豊臣秀頼の幼少時は天下を委任し、筑前・筑後に加えて、播磨《はりま》一国と近江国内に十万石を与えること、稲葉正成には黄金三百枚を与える」という条件を示し、西軍に与するよう申し出てきたことであった。

しかし、秀秋はこの条件を飲まなかった。逆に秀秋は、家康より伏見城を託された鳥居元忠に使者を送り、秀秋の実父の木下家定《いえさだ》を人質として本丸に入れ、自身は西の丸を守ると申し出た。元忠はこれを受け入れず、やむなく秀秋は七月二十三日からの伏見城攻撃に加わった。ただ、秀秋の気持ちは家康にあったので、正成は秀秋に説いて、上方の情報を家康に伝えた。伏見城落城後、三成は秀秋を伊勢・安濃津に向かわせたが、心中では服していなかったと『寛政重修諸家譜』は伝える。

一連の話は正成の助言により、秀秋が西軍の誘いに服さなかったことを強調している。家譜という史料の性格上、破格の条件も含めて慎重に検討する必要がある。ただ、東西両軍から誘いがあったことは、事実と考えてよいであろう。

その後、秀秋が不本意であったかどうかは別にしても、西軍方で行動したことは事実である。

稲葉正成・平岡頼勝宛ての井伊直政・本多忠勝の連署起請文（慶長五年九月十四日付）では、秀秋を東軍に引き入れるため、①秀秋に対して、家康がいささかも疎《おろそ》かにする心を持っていないこと、②稲葉正成・平岡頼勝が家康に忠節を尽くすのであれば、疎かにすることはないこと、③忠節をしたならば、西国方面で二ヵ国の知行宛行状《あてがい》を秀秋に与えること、という条件が記されている（『関ヶ原軍記大成』所収文書）。

先に提示した『寛政重修諸家譜』（「稲葉正成家譜」）と少し内容が相違するが、おおむね事実であるとしてよいと考えられる。

一方で、まったく同じ日付で秀秋に送られた石田三成らの起請文には、秀秋を西軍に引き入れるため、①秀頼が十五歳になるまでは、関白職を秀秋に譲渡すること、②上方での賄《まかな》い料として、播磨国一国を与える。もちろん筑前国は従前通りとすること、③近江国で十万石ずつを秀頼から、稲葉正成・平岡頼勝の二人に与えること、④当座の進物《しんもつ》として、黄金三百枚を稲葉正成・平岡頼勝の二人に与えること、という条件が記されている。

注目されるのは、稲葉正成・平岡頼勝の二人の家臣の扱いで、条件は破格であった。当主の秀秋はもとより、小早川家中の賛意を得るためには、二人の家臣の意見が重視された。それゆえに三成は、二人に対して破格の条件を提示したのであるが、文面に難があるので、偽文書である可能性が高い。

黒田長政の暗躍

秀秋が東軍に寝返った理由は、黒田長政による交渉の成果であるとされてきた。それは、具体的に『黒田家譜』にも記されている。

また後世の史料であるが、元和九年(一六二三)八月二日の黒田長政の遺言覚《ゆいごんおぼえ》には、「関ヶ原合戦の日には粉骨を尽くし、石田三成の本陣を追い立てた。とはいえ、これは偶然のことではない。第一には私(長政)の智謀によって、毛利家(輝元)・小早川家(秀秋)を味方につけ、これによってそのほかの者が味方として従ったのだ」と記されている(「黒田家文書」)。

長政自身の遺言であるので、表現については多少割り引いて考える必要があるものの、毛利家と小早川家への調略が長政の手柄だったのは事実である。

たとえば八月二十八日付の黒田長政・浅野幸長の連署書状(秀秋宛)は、秀秋に東軍への寝返りを依頼したもので、長政の尽力があったのは間違いない(「桑原羊次郎《くわばらようじろう》氏所蔵文書」)。

この書状は、黒田長政と浅野幸長が小早川秀秋に対して、秀吉の正室・北政所の縁により、東軍に与するよう迫ったものである。書状の形態は小切紙《こきりがみ》であり密書であったこと、そして、ここに挙がる二人(長政、幸長)は、北政所の子飼《こがい》であったと指摘されている。長政は十一歳のときに織田信長のもとに人質に出され、秀吉の居城・長浜城で北政所により養育された。また、幸長の母は、北政所の妹であった。

秀秋は、北政所の兄・木下家定の五男だった。ともに北政所から恩を受けたという関係により、長政と幸長が説得に動いたのであろう。しかし実際のところ、この時点においては、まだ秀秋の去就が東軍に定まっていないようであり、先述した伏見城攻撃が本当に渋々だったのか否かは判断に迷うところである。

✕秀秋の松尾山着陣と杭瀬川の戦い

秀秋が松尾山に着陣したのは、九月十四日のことである。白峰氏は、秀秋は三成からの攻撃を避けるために松尾山城に入ったのであって（緊急的な措置）、積極的に戦闘に参加する目的はなかったと指摘する（白峰：二〇一四）。そのような事情のため、秀秋は戦況を十分に把握できず、動けなかったというのが真相であり、三成らから戦力として期待されていなかったのではなかったかと考える。同日夜、石田三成らは大垣城の外曲輪《そとくるわ》を焼き払ったが、秀秋には西軍に与同する意思はなかった。

一方で、秀秋は東軍に積極的に加担するわけでもなく、孤立していたと白峰氏は指摘する。つまり、秀秋は松尾山城に入城したものの、宙ぶらりんのような状況にあった。以上の点を一次史料で補足するのは難しいが、秀秋は東軍に属する意思を表明していたものの、西軍に属するか東軍に属するか、土壇場まで逡巡していたのは首肯できる。

しかし同じ九月十四日、秀秋は家康と和睦を結んでいたという（『関原軍記大成』所収文書）。家康は、秀秋を味方に引き入れることに成功したのである。

根拠は編纂物である『関原軍記大成』に記載された文書であるが、その後の秀秋の動きから正しいと認めてもよいだろう。すでに取り上げた白峰氏の説が正しいとするならば、家康も秀秋がいまだ逡巡しているという情報を入手していた可能性は高く、秀秋に調略戦を仕掛けても不思議ではない。

九月十四日、家康は美濃赤坂に到着し、多くの武将に迎えられたあと、岡山に本陣を置いた。家康は三成が入る大垣城に向けて、金扇《きんせん》の馬標《うまじるし》などを掲げたという。この光景を目の当《ま》たりにした西軍の面々は一様に驚き、家康の到来に動揺したと伝わる。これ一説に、三成配下の島清興（左近）は動揺を鎮《しず》めるため、自ら偵察を志願した。これが杭瀬川《くいせがわ》の戦いである。

杭瀬川とは、大垣と赤坂の間を流れる川である。五百余の軍勢を率いた清興は、杭瀬川を渡ると敵陣で刈田《かりた》（稲を刈る挑発）を行った。東軍の中村一栄《なかむらかずひで》はこれを見逃さず、清興の部隊に戦いを挑んだ。清興はしばらく戦うと、負けたふりをして退いた。東軍がこれを追撃すると、西軍の伏兵が東軍の脇を突いて急襲したのである。その後、両者は乱戦に及ぶが、西軍優勢のうちに局地戦は終わり、西軍の士気は回復したという。

東西両軍の陣容

東西両軍は決戦においてどのような布陣で臨んだのだろうか（笠谷：二〇〇七など）。九月十四日夜、三成らの軍勢は大垣城を出発し、関ヶ原方面へと向かった。三成らの軍勢は、北国往還・中山道を塞《ふさ》ぐように、松尾山の麓《ふもと》から北の方向に布陣した。三成が布陣したのは、笹尾山《ささおやま》である。三成の率いる軍勢は約八千（うち約二千が豊臣家の旗本）と推定され、うち約千ずつを島清興と蒲生頼郷《がもうよりさと》が預かっていた。

島津義弘と豊久《とよひさ》の軍勢は、三成の部隊から一町《ちょう》半ほど離れた小池村に着陣した。小西行長の軍勢は、島津氏の部隊の南に陣取った。宇喜多秀家の軍勢は、天満山《てんまやま》に陣を構えた。大谷吉継はもともと山中《やまなか》にいたが、藤川《ふじかわ》の前に移動した。その周囲には、戸田重政《とだしげまさ》、脇坂安治、朽木元綱《くつきもとつな》、小川祐忠《おがわすけただ》、赤座直保《あかざなおやす》が陣を置いた。松尾山には小早川秀秋、南宮山には毛利秀元、栗原山《くりはらやま》に長宗我部盛親、岡ヶ鼻《おかがはな》に長東正家、安国寺恵瓊が陣を敷いた。

一方の東軍は、家康が桃配山《ももくばりやま》に本陣を置いた。東軍の布陣は中山道の南から順番に、先鋒の一番備を務めたのが福島正則、藤堂高虎、京極高知、蜂須賀至鎮である。

その北に松平忠吉と井伊直政、さらにその北に田中吉政、生駒一正、加藤嘉明、細川忠興、金森長近《かなもりながちか》、黒田長政、筒井定次《つついさだつぐ》の面々が陣を置いた。

こうして東西両軍合わせ、約十五万の兵が関ヶ原に集結したという。ただし、両軍の総数は二次史料によるもので、必ずしも正確な数とはいい難い。

関ヶ原合戦における東西両軍の軍勢配置については、今なお論争が続いている（小池：二〇二一、水野：二〇二二）。東西両軍の軍勢配置は、主に二次史料や合戦図に拠らざるを得ないが、特に注意すべきは合戦図になろう。合戦図は合戦当日の模様を写真のように描いたものではなく、あくまで後世に制作されたものである。

むろん、書いた絵師は関ヶ原に足を運んだり、関係者から聞き取りをしたと考えられるが、依頼主の要望を聞かなくてはならなかったはずである。合戦図の多くは、大名自身あるいは子孫が軍功を称えるため、絵師に描かせたので、創作の余地は十分にある。

たとえば、大名の要望により絵師が「あったものをあえて描かない」、「なかったものをあえて描く」可能性がある。したがって、関連史料との擦り合わせはもちろんであるが、「成立年が新しい」、「信頼できる名家の伝来」などの理由で、安易に合戦図に描かれたことを鵜呑みにしないことである。

×開戦と同時に西軍に攻め込んだ秀秋

関ヶ原合戦の当日、白峰氏が指摘したとおり（白峰『新解釈　関ヶ原合戦の真実』）、小早川秀秋は合戦開始時から東軍に属して戦っている（「堀文書」）。その内容は次のとおりである。

井伊直政と福島正則が先鋒として攻撃を仕掛けると、そのほかの東軍の衆もそれに続いたという。東軍の勢力が西軍の要害へ攻め込んで戦が始まると、小早川秀秋、脇坂安治、小川祐忠・祐滋《すけしげ》父子が西軍を裏切り、このため西軍は敗北を喫したとある。

史料の一行目に「十五日巳之刻、関か原へ指し懸けられ一戦に及ぶ」と記されているので、開戦した時間はおおむね午前十時頃であると考えられる。

「この四人御味方申され、うらきり（裏切り）を致され候」という記述からすると、この四人は開戦直前まで西軍に与していたというのが、東軍側の認識だったと思われる。実際に秀秋が東軍に属していたことを知っていたのは、家康などごく一部の人間に限られていたのではないだろうか。

右の経緯については、『十六・七世紀イエズス会日本報告集』により裏付けられるので、先述した白峰氏の指摘のとおり、秀秋は開戦と同時に東軍に与して、西軍に攻め込んだことが明らかである。こうして東軍は勝利を収め、秀秋も大いに軍功を挙げたのである。ただし、裏切った小早川秀秋、脇坂安治、小川祐忠・祐滋父子のうち、小早川秀秋は大幅に加増されたが、脇坂安治は本領安堵に留まり、小川祐忠は所領を没収された。史料は乏しいが、そうした扱いの差についても、今後は検討を要しよう。

先のとおり、秀秋は合戦の前日に家康と和睦を結び、当日は東軍の一員として、開戦からほどなく西軍に攻め込んだ。そして、東軍は短時間で勝利をつかんだ。

土壇場の秀秋の裏切りによって、互角の戦いを演じていた西軍が崩れ、また吉継が無念のうちに非業の死を遂げた通説の方が、非常にドラマチックである。しかし、それは二次史料に基づいたテレビドラマや小説などのフィクションに過ぎない。秀秋が東西両軍のいずれに与するか逡巡したのは事実だが、戦いの前日には去就は決まっていたのである。

なお、笠谷和比古氏は近著で、「問鉄砲はあった」と再説されている（笠谷：二〇二二）。その中で笠谷氏が重視するのは、『備前老人物語』の記述である。しかし、同書を根拠とするのは、納得し難い面がある。

『備前老人物語』は成立年代が不詳で、著名な武将のエピソードを取り上げた逸話集である。笠谷氏が指摘するように「幕府系の問い鉄砲に関する記述とは別系統のもの」

かもしれないが、同書が「問鉄砲」の逸話を鵜呑みにして採用した可能性も否定できない。二次史料の取り扱いについては、本書の冒頭に記したとおりであるが、出所不明の同書を根拠とするわけにはいかないだろう。

✕負けるべくして負けた西軍

典拠《てんきょ》不明ながら、関ヶ原合戦の勝敗については有名なエピソードがある。明治十八年（一八八五）、ドイツから陸軍大学校の教官として、クレメンス・メッケル少佐が来日した。メッケルは関ヶ原合戦の陣形図を見て、即座に「西軍が勝利した」と述べたという。その理由は、西軍が小高い山々を利用して敵の東軍を誘い込み、包囲して攻撃することが可能であったからだという。実はこの逸話はまったく根拠がなく、現在ではフィクションであることが明らかにされ、否定されている（白峰：二〇一四）。

勝敗の帰趨《きすう》は、ここまで取り上げてきたとおり、水面下における政治的な駆け引きによって、ほぼ決まっていたといってよい。たとえば、西軍がもっとも頼りにし、本来の総大将格である毛利輝元は、合戦の前日に徳川家康と和睦を結んだので、合戦の当日、毛利氏の軍勢は少しも動くことがなかった。仮に、いくら西軍の陣形が優れていても、多数派工作に成功した東軍に勝てるわけがない。

先述のとおり、近年、関ヶ原の陣形や軍勢配置の問題が話題になっているが、一次史料で正確にそれらを明らかにするのは難しい。陣形や軍勢配置は、二次史料や後世に成った覚書、奉公書などを頼るしかないが、それでもなお困難な作業である。地名の表記にしても、実に範囲が広く正確に位置を特定するのは難しい。

しかも軍勢は少しずつ移動している可能性もあり、それを合戦当日のピンポイントで確定するのはいささか困難だろう。信頼性の乏しい二次史料は措《お》くとしても、出陣した当人が書いた覚書、奉公書でさえ、記憶違いなどの可能性があるので、全面的に信を置くことができるのかは疑問である。いずれにしても戦国時代の合戦において、陣形や軍勢配置による戦いの有利不利は証明し難いのである。

西軍の勝敗の帰趨を握る松尾山に陣取った小早川秀秋は、輝元と同じく事前に家康に内応することを約束していた。こうした裏切りなどが西軍敗北の最大の要因であったが、一方で精強で知られる島津氏もついに動くことなく、西軍の敗北が決定的となるや、敵中を突破して本国・薩摩へと落ち延びた。そこには、実際の兵力やその質にも問題があったと考えられる。次に、島津氏や宇喜多氏のケースを確認しておこう。

⚔弱体化していた宇喜多氏と島津氏

慶長四年末から翌年初めにかけて、宇喜多秀家は家中騒動により、著しく権力が弱体化していた。また、秀家は備前・美作《みまさか》の留守を家臣たちに任せていたが、不安であったのか彼らから人質を徴収している（「新出沼元《ぬもと》家文書」）。それほど秀家は、家中を掌握できていなかったのである。一方、家中を去った旧臣たちのなかには、東軍に従った花房氏や戸川氏のような歴戦の者もいた。

重臣たちが去った宇喜多軍を支えたのは、長船吉兵衛《おさふねきちべえ》、明石掃部《あかしかもん》らを中心にした諸将であった。秀家が率いる軍勢は、家中騒動で残った兵と新たに加わった牢人衆たちで構成されていた。兵力は西軍の中で二番目に相当する、約一万七千人だったといわれている。秀家は五大老という高い地位や率いる軍勢の数から、明らかに西軍の主力軍だったが、その内実は大きな問題をはらんでいた。

良質な史料によって、宇喜多勢の戦いぶりを探ることは困難であるが、秀家の率いる一万七千の大軍の実態は、「家来区区」というものだった（「吉川家文書」）。「区区」には、「まとまっていない」という意味がある。備前・美作のもともとの軍勢に加え、上方の牢人衆を集めた宇喜多軍は、まとまりがなかったといえよう。

そうした寄せ集めの将兵は、明石掃部らの采配《さいはい》に従わなかった可能性もある。それも敗因の一つではなかったか。

状況が厳しかったのは、島津氏も同じである。島津氏は西軍から大いに期待されていたが、慶長四年に勃発した庄内の乱で家中は混乱しており、島津義弘も兄・義久《よしひさ》との関係が良好ではなかった。義弘が西軍に与した理由は、上方にいた最初の兵力がわずか二百余に過ぎなかったからだ。その状況にもかかわらず、義弘は三成の出陣要請を拒むことはできなかったのである。

義弘は国元に何度も繰り返し援軍を要請した結果、その軍勢は千人弱にまで増えたという。それでも十分とはいえないので、重ねて増員を要請したが、思うとおりにはいかなかった。その後、軍勢は四百人ほど増えたものの、それは半ば義勇軍のような兵で、正式に派遣されたものではなかったという。

なぜ兄の義久は援軍を派遣しなかったのか。一説によると、義久はのちのことを考え、東西両軍のいずれに与したか、姿勢を鮮明にしたくなかったからだったといわれている。ともかく、勇猛で知られる島津勢とはいえ二千にも満たぬ数では、とうてい西軍の主戦力としては期待できなかったことになる。

✕毛利輝元の本心

毛利氏に関しても、光成氏の重要な指摘がある（光成：二〇一四）。そもそも毛利氏が関ヶ原合戦本戦に投入した兵力は、総力の半数程度に止まっていたという。慶長五年八月八日、輝元は援軍の派兵を要請した毛利秀元に対して、大坂の残留兵力で派遣可能なのは毛利元康に限られるため、多数の兵を送り込むことは難しいとした。そのとき大坂には九千〜一万、国許には約六千の兵が残っていたと推計されている。

輝元は関ヶ原に援軍を派遣しない一方で、伊予《いよ》への出兵を計画していた。輝元の本意は東軍と交戦して勝利することではなく、西国における毛利氏の支配領域の拡大にあったと光成氏は指摘する。また、輝元は自立性の高い秀元、吉川広家や有力国人層のコントロールに苦心していた様子がうかがえる。

輝元の最大の弱点は、自らが戦いの最前線に赴かなかったことである。輝元は大坂からの指示を安国寺恵瓊や信頼する出頭人《しゅつとうにん》的な奉行人を通じて伝えるという方針を採用しており、それは豊臣政権下における戦争でも一貫していた。三成は輝元の関ヶ原最前線への出陣を望んでいたであろうが、輝元にその考えはなかったとされる。

関ヶ原合戦では、多くの情報が飛び交い、臨機応変に対応する必要があった。毛利家の指揮命令系統では即座に対応することができず、最終的に家康と和を結び、関ヶ原本戦では不戦という判断に至った。そもそも東軍を打ち破るという戦意が希薄で、輝元は西国における支配権の拡大を第一に目指していたと光成は指摘する。

このような状況では、すでに戦う前から、西軍の敗北は決定的であったといえるのかもしれない。それは、陣形、軍勢配置、戦闘方法といった、テクニカルな部分で挽回できるようなレベルの問題ではなかった。西軍は負けるべくして負けたといわざるを得ない。

×豊臣秀頼は関ヶ原に出陣する予定だったのか

千田嘉博氏は、西軍が玉城を築いて、豊臣秀頼を迎えようとしたという新説を提起した（千田：二〇二一）。玉城は、北天満山から約二キロメートル離れた、城山の山頂に築かれた城である。しかし、この点については、水野伍貴氏が明確に否定している（水野：二〇二二：「関ヶ原の戦い」）。その理由を列挙して示すと、次のようになろう。

①玉城は東軍が布陣した逆の方向（近江方面）を意識した作りとなっており、主戦場である関ヶ原からも離れており、関ヶ原合戦とは無関係であると考えられる。

②西軍の首脳は諸大名に書状を送っているが、その中に秀頼を関ヶ原に迎えると書かれているものはない。計画があれば、有利な情報になるにもかかわらず、書状に書いていないのは、そもそも秀頼陣の発想すらなかったと考えられる。

③家康が会津征討を行おうとした際、秀頼を推戴しようとしたが、失敗したという

前例があった（「杉山悦郎氏所蔵文書」）。

これに加えるならば、東軍と西軍の戦いは、ともに「秀頼様のために」を掲げていたものの、実質的には石田三成・毛利輝元連合軍と徳川家康軍の私闘の様相を呈していた。三成らの謀反は大坂城の秀頼のもとで勃発したのではあるが、秀頼自身は別に西軍に加担したわけではない。大坂城にいたがために、秀頼は西軍に推戴されたような形になったに過ぎないのである。

水野氏も指摘するように、わずか八歳の主君を戦場へ送り込もうとすれば、豊臣家の家臣らからの反対が想定される。同時に、秀頼は西軍を率いていたわけでもなく、加担もしていなかったので、わざわざ出陣するとは考えられないのである。

第七章
「関ケ原合戦」の戦後処理

×吉川広家が輝元を救ったのは事実か

合戦後、東軍に与した大名は厚遇され、逆に西軍に属した大名には、厳しい措置がなされた。まずは、負けた側から取り上げておこう。

吉川広家は吉川元春、小早川隆景亡きあと、安国寺恵瓊とともに毛利家を牽引《けんいん》してきた。明暗を分けたのが、関ヶ原合戦だった。恵瓊は石田三成と結託しており、主君の毛利輝元の了解のもと、西軍に与した。一方の広家は徳川家康に心を寄せており、ぎりぎりまで東軍に与しようと考えていた。

関ヶ原合戦が迫るなか、土壇場になって輝元は態度を急変し、合戦の前日に家康と和睦を結んだ。これにより毛利氏は当日の戦いで動くことなく、西軍は敗北したが、そこには予想外の結末が待っていた。家康は輝元が西軍の首謀者として四国侵攻を行ったことなどを知り、激怒したのである。

結果、輝元は改易《かいえき》処分となり、代わりに広家が取り立てられることになった。しかし広家は所領の拝領を辞退し、毛利家の存続を家康に願い出たという。これにより毛利家は、萩（山口県萩市）三十万石の大名として家名を留めた。すべては、広家が毛利家のために奔走したからである。以上の話は通説として知られているが、事実なのだろうか。

吉川広家が所領を辞退したことを取り上げる前に、毛利氏が関ヶ原合戦の土壇場で徳川家康と和睦を結んだ状況を確認しておこう。

✕西軍に勝ち目はないと見た広家

関ヶ原合戦前日の九月十四日、毛利輝元は突如として、西軍から東軍へと寝返った。背景には、毛利家を支える吉川広家と黒田長政との関係があった。そのあたりは、すでに述べたとおりである。

『関原軍記大成』によると、家康が九月十四日に岡山（岐阜県大垣市）に到着すると、広家は家来の三浦伝右衛門《みうらでんえもん》を使者とし、二人の人質を差し出したうえで、家康に味方したいと申し出た。人質になったのは、粟屋十郎兵衛《あわやじゅうろうべえ》と福原左近《ふくはらさこん》の二人だった。和睦の際に人質を差し出すのは、ごく普通のことである。

これを仲介したのが黒田長政で、家康は伝右衛門と本陣で面会し、黄金一枚を与えた。そして、井伊直政と本多忠勝の連署によって、毛利家への起請文を認《したた》めたのである。起請文を取り交わしたことにより、両者の和睦は成立した。起請文の内容については、後述することにしよう。

広家は家康と和睦を結んだ理由について、合戦後の九月十七日に自筆で書状を認めている（「吉川家文書」）。非常に長文であるが、要点を記しておこう。

広家書状には東軍の行軍する様子が書かれており、西軍に属しているはずの小早川秀秋がすでに逆意を示したという。大谷吉継ですら心もとない様子で、広家はもはや西軍に勝ち目はないと判断したようである。そこで、長束正家や安国寺恵瓊に相談することもなく、広家は長政のもとに家来の三浦某を遣わした。これまでやり取りをしていた長政は、和睦交渉の手筋《てすじ》だったのである。

長政は福島正則と相談して、三浦某を家康の本陣に連れて行き、井伊直政と本多忠勝に三浦を引き合わせ、家康に和睦の件を披露したのである。直政と忠勝は起請文を交わすことは問題ないとし、そのうえで広家と福原広俊の起請文と人質が到着すれば、家康は輝元に起請文を送ることになった。そして、直政と忠勝に加え、仲介した長政と正則の起請文も作成されたのである。

右の経緯について広家の自筆書状は、二次史料の『関原軍記大成』よりも詳しくなっている。では、実際の起請文は、どのような内容だったのか。

✕家康への忠節が求められた輝元

すでに取り上げたところであるが、井伊直政・本多忠勝の血判起請文には、次のとおり書かれている。

①家康は、輝元に対して疎略にしないこと。
②吉川広家と福原広俊が家康に忠節を尽くすうえは、家康が疎略にしないこと。
③忠節が明らかになれば、家康の直書を輝元に渡すこと（分国の安堵も相違なし）。

以上のとおり、吉川広家と福原広俊に宛てられている（「毛利家文書」）。①は和睦を結ぶに際して、家康が輝元を安心させるための条項である。②も対象が変わっただけで、趣旨は同じである。重要なのは③である。輝元の忠節が判明した時点で、家康の直書を輝元に渡し、現在の領国の安堵を認めるという。毛利家が東軍に与するに際して、起請文を取り交わすことにより、互いの約束を強固に取り結んだのであるが、一方で輝元には忠節が求められた。

輝元は家康と起請文を交わして東軍に属したが、この件について安国寺恵瓊と毛利秀元は何も知らなかった。結局、南宮山に布陣しながら広家が動かなかったため、恵瓊も秀元も合戦に参加することができず、西軍は敗北を喫したのである。

✕不安から何度も起請文を求める

関ヶ原合戦を終えた輝元は、九月十九日付で福島正則と黒田長政に書状を送った（『江氏《ごうし》系譜』所収文書）。輝元は二人に対して、家康への取次ぎ・斡旋《あっせん》を感謝するとともに、中でも領国を安堵されたことを大変喜んだ。少なくとも、この時点で輝元は厳しい処分を受けると思っていなかったようである。

九月二十二日、輝元は井伊直政と本多忠勝に対して起請文を送った（『江氏系譜』所収文書）。その内容は次のようになる。

第一の要点は領国が安堵されることであり、第二の要点は領国安堵を前提条件として、大坂城西の丸を明け渡すとしている。輝元は家康に対して二心のないことを誓っており、ほぼ同内容の起請文は、長政と正則にも送られた（「吉川家文書」）。ともに輝元の血判が押されているので、相当な覚悟がうかがえる。

一方で、領国安堵を条件にして、輝元の軍勢は関ヶ原で動かなかったが、なお家康に全面的に信を置いていなかったようである。それは輝元が家康の起請文だけでは信頼できず、仲介役を担った長政と正則の起請文も欲したことから明らかである。

大坂城の扱い―とりわけ輝元の西の丸退去―を担当したのが、長政と正則であった。二人が担当した理由は、これまで輝元と折衝《せっしょう》してきたからであろう。九月二十三日の家康書状によると、起請文を交わしたこともあり、輝元の西の丸退去は円滑に進んだようである。翌日の家康書状では、西の丸には福島正則を入れ、今まで通り法度を申し付けるよう長政に命じたことを確認できる。九月二十四日の秀忠書状によると、この日のうちに輝元の西の丸退去は完了した（以上「黒田家文書」）。

ところが、再び吉川広家と輝元には、二通の起請文が捧げられた。いまだ本領が安堵されるか、不安だったのであろうか。一通目は、長政が広家に対して送った血判起請文である（「吉川家文書」）。全部で三ヵ条から成り、概要は次のとおりである。

①家康は広家に対して、疎かにする気持ちがないこと。
②万が一、虚説（嘘、デタラメの説）を言う者がいれば、召し出して実否を追求し、理不尽なことがないようにすること。
③進退については、（長政と）井伊直政が相談するので、一切の心配がないこと。

このような起請文が長政から広家に捧げられたところを見ると、輝元の処遇が少なからず問題となっていた様子がうかがえる。同様の起請文は、長政や福島正則ら五名から輝元に送られた（『江氏系譜』所収文書）。内容は、井伊直政・本多忠勝の起請文は偽りがないこと、輝元が家康に敵対心を持たなければ、表裏の気持ちはないので奉公をすべきこと、輝元に対して家康が疎かにする気持ちがないこと、を伝えている。輝元はまだ安心できず、それゆえに何度も起請文の提出を求めたのであろう。

✕家康に「はめられた」輝元

九月二十五日、輝元は書状を広家に送り、落ち着かない心境を吐露している（「吉川家文書」）。輝元は、徳川家との仲介役を担当する広家に労《ねぎら》いの言葉をかけていた。隆景が亡くなったうえに、養子・秀元が若いことから、頼りになるのが広家ただひとりだったことが理解できる。そして、長政や正則を通して家康に交渉しているが、それぞれの立場があるので頼りにならず、井伊直政を当てにしているものの、いまだ調整がうまくいかないと述べている。輝元は書面だけではなく、直談判をも辞さない態度すら表明している。

九月末日には、榊原康政ら三名の連署書状により、輝元に薩摩・島津氏を討伐させたらどうかとの提案が、長政と正則になされた（『江氏系譜』所収文書）。この案は実現しなかったが、輝元の忠誠心を探ろうとしたのであろうか。

このように毛利氏の扱いが行われるなかで、ついにある事実が暴露《ばくろ》され、輝元は窮地に追い込まれた。その内容は、次に示す広家宛の長政書状によって明らかである（「吉川家文書」）。

①輝元の扱いについて相談しているが、石田三成ら奉行と共謀して大坂城の西の丸に移ったうえに、各地に味方を募る触状《ふれじょう》を送っており、四国に軍勢を送り込もうとしたことがわかった。これらのことは、どうしようもないことである。

②広家には、中国地方で一ヵ国か二ヵ国を家康の判物によって与える予定である。

暴露された事実とは、東軍に与することを約束しながら、一方で西軍への味方を募るという輝元の背信行為であった。さすがの長政も、そこまではかばいきれなかった。そこで、代わりに広家を取り立てて、中国地方の一大名にすることを報告したのである。関ヶ原合戦では東西両軍くっきりと分かれて戦っていたとは必ずしもいえず、一方に与するといいながらグレー・ゾーンに属する者たちもいた。輝元もその一人にすぎず、家康が背信行為を見逃すはずがなかった。

「内府ちかひの条々」をはじめとする家康弾劾の中心にあったのは、輝元自身であった。石田三成や大谷吉継が主導したとはいえ、最初からその罪は免《まぬか》れ難かったと考えてよいであろう。ある意味で、輝元は家康に「はめられた」のである。

毛利家存続に感謝する屈辱

毛利家の取り扱いについて裁定が下されたのは、慶長五年十月五日のことであった(『譜牒余録《ふちようよろく》』)。家康は今後の扱いについて、次のとおり輝元と秀就《ひでなり》(輝元の長男)に伝えた。

①周防・長門《ながと》の二ヵ国を与えること。
②輝元・秀就の両名の身命には異儀がないこと(命を助けること)。
③虚説がある場合は、究明を遂げること。

結果、輝元は出家して「宗瑞《そうずい》」と名乗り隠退し、毛利家の家督を秀就に譲った。こうして毛利家は中国地方最大の大名から転落したのであるが、見方を変えれば、よく生き残ったと考えることもできる。同年十一月五日、出家した輝元は、井伊直政に起請文を送っている(『譜牒余録』)。

起請文の内容とは、寛大な措置を施してくれた家康への感謝の念を書き綴《つづ》ったものであった。同時に、家康に対して忠節を誓い、直政に指南《しなん》を請うという、ある意味で大変屈辱的な内容だった。十一月には、毛利家と黒田家との間で起請文が取り交わされている（『江氏系譜』所収文書）。その内容は今回の措置に関して、嘘や偽りがないことを誓うものである。

これまでも起請文の中で、「虚説を唱える者を追及せよ」との文言が頻出《ひんしゅつ》してきた。毛利家は隆景、元春亡き後、家臣団の統制が十分に行えず、当主の輝元もさほど求心力がなかったようである。広家だけが唯一の頼りであった。家康はその点を熟知し、最初から広家のみを許す気であったのかもしれない。黒田官兵衛や長政は、毛利家の家名を残そうとする広家を側面支援し、それを実現したのである。その際、広家がすべての責任を安国寺恵瓊に押しつけ、家中の分裂を防ごうとした点は、誠に興味深いところである。

✕広家の功績を記すのは偽文書か

改めて通説を確認すると、家康は輝元を改易とし、広家に一、二ヵ国を与えるとしたが、広家はこれを辞退して毛利宗家の存続を願った。結果、家康は輝元を長門・周防三十万石の減封《げんぽう》にしたのである。広家が所領を辞退したことは、美談として伝わっている。

一連の根拠史料となるのが、『関原軍記大成』に引用される、①慶長五年十月二日付黒田長政書状写（吉川広家宛）、②慶長五年十月三日付黒田長政書状写（吉川広家宛）、③慶長五年十月三日付吉川広家起請文写（福島正則・黒田長政宛）の三つの史料である。この三点の史料は「吉川家文書」には残っておらず、後世に成った『吉川家譜』に収録されるのみである。

光成準治氏は、①これだけの重要史料であるにもかかわらず、「吉川家文書」に原本が残っていないのは不審であること、②史料の③には「本家」という文言が見えるが、これは当時使われていない言葉であり、偽文書である可能性が高いこと、を指摘した（光成：二〇一六）。

さらに、岩国《いわくに》藩が『関原軍記大成』の著者・宮川尚古に右の①～③の史料を見せ、それをもとにして尚古が同書に毛利家存続の経緯を執筆した経緯が明らかにされている（山本洋《やまもとひろし》：二〇一二）。したがって、これまでの通説は毛利家存続の殊勲者が広家であることを顕示《けんじ》すべく偽文書を作成し、尚古に執筆させた可能性が高い。

以上の指摘から、現段階では広家が毛利家存続に貢献したという逸話は疑問視されており、誤りである可能性が非常に高いのである。

✕「島津退き口」

西軍は敗北を喫したが、敗北した諸大名の対応はさまざまだった。島津氏は、「島津退き口」によって戦場を離脱した。

関ヶ原合戦当日の午後二時頃、西軍は総崩れとなり、敗北が決定的になった。西軍の主な諸大名が次々と戦線から落ち延びて行くなかで、驚くような手法で戦場を離脱したのが島津惟新（義弘）の行動であった。惟新らが関ヶ原から脱出した経路は、「島津退き口」と称されており、桐野作人氏が詳しく検証を行った（桐野：二〇一三）。

西軍の敗北直後、惟新のもとにはわずか千余の軍勢しかいなかった。一度は東軍の軍勢に攻め込もうとしたものの、結局は大垣城へ戻り籠城しようとした。ところが、大垣城が東軍により火をかけられたことを知ると、伊勢を目指して逃走し、さらに本国の薩摩に向かうことを決意した。島津軍は島津豊久（惟新の甥）と山田有栄を先手とし、本陣の惟新はあとから続いたといわれている。

島津軍の前方から、東軍の軍勢が攻め込んで来た。島津軍は東軍に鉄砲を撃ち込むが、もはや撃っても撃っても撃退することは不可能だった。やがて、東軍は笹尾山の石田三成、天満山の宇喜多秀家の陣に攻め込み、混戦状態になった。島津軍はその間隙を縫って、福島正則の軍勢の前を東にすり抜けることに成功した。こうして島津軍は、なんとか北国脇往還に抜け出たのである。

北国脇往還とは、北国街道と中山道を連絡する脇街道のことである。関ヶ原で中山道から分岐し、滋賀県と岐阜県の境の伊吹山の南麓を通り抜け、伊部、馬上（以上、滋賀県長浜市）を経て、木之本（同上）で北国街道に合流する。むろん、島津氏は文字通り北を目指したのではなく、伊勢に行く計画だった。

✕「捨て奸」による逃亡

当初、家康は桃配山に本陣を置いていたが、やがて東軍の勝利を確信すると、関ヶ原盆地の中央に軍を進めた。そのとき島津軍は家康軍と交錯したが、なんとかその場を逃れたという。その直後、井伊直政ら率いる軍勢が島津軍と気付いて追尾したが、島津軍は鉄砲を放ちながら撃退することに成功した。

島津軍は中山道と北国脇往還の交差する場所を通過して、伊勢街道を抜けると烏頭《うとう》坂（岐阜県大垣市）まで進んだ。ここで豊久が殿を務め、追撃する東軍に対峙したが、奮闘虚しく討ち死にした。豊久は自身が軍勢を食い止め、身代わりになることで、島津軍を逃がそうとしたのだ。

牧田上野（岐阜県大垣市）では惟新の家老・長寿院盛淳が殿を買って出た。盛淳は義弘の身代わりとなり、義弘が秀吉から拝領した白い鳳凰模様の陣羽織を着用し、石田三成が義弘に贈った金磨きの軍配と団扇を手にしていた。しかし、最期は切腹をして果てた。そのうち、東軍は島津軍を追撃することを諦めたという。

このように最後尾の者が次々と犠牲となり、敵軍を食い止める作戦を「捨て奸」というう。小部隊を次々と最後尾に止まらせ、本隊がその間を利用して、先に逃げ切るのである。しかし、「捨て奸」はあまりに劇的であるが、たしかな史料での裏付けが難しく、史実か否かは不明である。

✕複数の逃亡ルート

島津軍は長束正家から案内者を付けられると、伊勢街道をそのまま南下せず、遠回りして養老山地の駒野峠（岐阜県海津市）を越えようとした。その理由は、高須城（同上）の徳永寿昌と長島城（三重県桑名市）の福島正頼（正則の弟）が待ち伏せしていると予想したからだった。ここから伊勢ではなく、西を目指した。

島津軍が駒野坂に到着したのは、九月十五日の午後十時頃だったといわれている。

島津軍は追撃する東軍から逃れるため、かなりの距離を歩いたので、もはや疲労はピークに達していた。とはいいながらもゆっくり休む暇もなく、翌十六日の明け方には三重県いなべ市田辺付近に達していたという。

通説に従うと、島津軍はいなべ市田辺を発つと、多良から時山（岐阜県大垣市）を経て五僧峠（滋賀県多賀町）に至り、高宮宿（同彦根市）へ出たと推測されている。また、いったん高宮宿へ出てから、再び伊勢方面を目指したという説もあるが、桐野氏はルート的に考えて疑問視している。

桐野氏は諸史料を検討し、次の二つのルートを提示している。

①関地蔵（亀山市）→鈴鹿（鈴鹿市）→土山（甲賀市）→水口（同上）→信楽（同上）

②関地蔵（亀山市）→水口（甲賀市）付近→楠原（津市）→大山（伊賀市）→信楽（甲賀市）

①がもっとも合理的であるが、②は上野城（三重県伊賀市）の筒井定次を避けた迂回ルートになるので、有力な候補の一つと指摘されている。

薩摩への帰還

島津軍は信楽（滋賀県甲賀市）で一泊すると、大和盆地を通り抜け、摂津平野（大阪市平野区）に到着した。島津軍は正体がばれないようにするため、変装を行ったといわれている。この間、東軍から探索される島津軍に待ち受けていたのは、大きな苦難の連続だった。とりわけ食料不足に悩まされ、義弘でさえ食事に事欠く状況だった。

十九日の夜、義弘ら一向は平野から住吉（大阪市住吉区）に移動し、以前から懇意にしていた商人・田辺屋道与に匿ってもらった。翌二十日の夜になると、今度は堺（大阪府堺市）に移って商人・塩屋孫右衛門の家に匿われた。島津氏の逃亡劇には、匿ってくれる商人らの力が必要だったのである。

そして、二十二日の朝、惟新らは堺から大坂へと船で向かった。大坂城内で人質として預けられていた義弘の妻、および忠恒（惟新の三男）の妻を取り戻す必要があったからである。当時、島津氏だけでなく、諸大名は大坂城下の周辺に屋敷を構え、妻子を住まわせていた。こうして義弘らは妻らを奪還すると、本国の薩摩へと向かったのである。

ところが、関ヶ原合戦が東軍の勝利に終わったとはいえ、九州では東軍に属した黒田如水（孝高）と加藤清正が西軍の残党を討伐していた。島津軍は、ようやく豊後森江（大分県杵築市）にたどり着いた。ところが、島津氏を待ち構えていたのは、黒田如水の軍勢だった。島津軍は黒田軍と交戦し、三十八人の兵卒を失ったという。

九月二十九日、島津軍は日向細島（宮崎県日向市）に入港したが、伊東氏旧臣の襲撃を避けて霧島（鹿児島県霧島市）に至った。こうして十月三日、義弘ら一行は島津龍伯（義久）の居城・富隈城（同上）に到着したのである。九月十五日に退却を開始したので、逃亡には十八日も要したのである。島津軍で生き残った者は、わずか八十人ほどだったといわれている。

このように薩摩島津氏は中途半端な形で関ヶ原合戦に出陣し、十分な成果を上げられないまま、這う這うの体で逃げ帰ったのである。

長宗我部盛親の改易と宇喜多秀家の島流し

関ヶ原合戦で長宗我部盛親は西軍に属したが、西軍の敗色が濃厚になると、戦わずして領国の土佐に逃げ帰った。その直後の九月二十九日、盛親は家臣の久武親直《ひさたけちかなお》から「（盛親の）兄の津野親忠《つのちかただ》が藤堂高虎とともに土佐国を支配しようとする動きがある」とそそのかされ、親忠を殺害したという（親忠の死因については諸説あり）。四男の盛親が家督を継承したことについて、長宗我部家中ではいまだ混乱が続いていた。

盛親は井伊直政を通して徳川家康に詫《わ》びを入れ、何とか処罰を逃れようと画策したが、一方で浦戸《うらど》城の防備を固め、兵糧の運搬や普請を命じた。指示を出したのは、盛親膝下《しっか》の奉行人である非有斎《ひゆうさい》と桑名三郎兵衛《くわなさぶろうべえ》であった（『土佐山内家宝物資料館所蔵文書」)。盛親は万が一の事態に備えて、合戦の準備を進めていたのである。しかし、親忠殺害が家康の逆鱗《げきりん》に触れ、盛親は上京して事情説明を行ったが許されず、ついに土佐一国を召し上げられたのである（代わりに山内一豊が入封）。

一方、関ヶ原合戦後、宇喜多秀家は戦線を離脱し、逃亡生活を送ることになった。『美濃国諸旧記』などによると、秀家はわずかな従者を引き連れると、伊吹山を経て不破に至り、最終的に美濃国池田村にたどり着いたという。途中、落武者狩りの危機に遭遇するも逃れ、妻の豪から金銭的援助を得るなどしたと伝えられる。

ユニークな逸話がある。秀家の家臣・進藤三左衛門《しんどうさんざえもん》は、家康の家臣・本多正純《ほんだまさずみ》のもとに赴き、秀家が自害したと報告、宇喜多家累代の太刀「鳥飼国次《とりかいくにつぐ》」を差し出した。しかし、これは秀家逃亡の時間を稼ぎ出すための嘘であった。本来、三左衛門は処罰されるところだったが、その忠臣ぶりが評価され、罰せられなかったという（『徳川実紀』ほか）。

秀家が頼りにしたのは、薩摩の島津氏であった。関ヶ原合戦後、島津氏は家康と正式に和睦をしておらず、交渉中の段階であった。慶長六年（一六〇一）六月、秀家は薩摩半島の南端に位置する山川港にたどり着いた。やがて、秀家は出家して「久福《きゅうふく》」（以下、秀家で統一）と名乗り、大隅郡牛根《うしね》（鹿児島県垂水市《たるみず》）で潜伏生活を送る。その後、秀家の旧臣が百人ばかり薩摩を訪れると、島津氏は匿《かくま》ったという。

秀家の潜伏生活は二年二ヵ月あまり続き、旧臣とも交流があったが、慶長八年（一六〇三）に島津氏と家康との関係が改善されると、秀家は家康に引き渡された。和睦を結んだ島津氏にとって、秀家の存在は邪魔になったのである。ただ、島津氏は秀家が死罪に処されることがないよう助命嘆願を行ったので、秀家は辛うじて死罪を免れた。

最初に秀家が送られたのは、家康のお膝元の駿河国久能《くのう》（静岡市駿河区）であった。当初、秀家は「奥州の果て」に流されることを憂慮していたという。ところが、これは一時的な措置に過ぎず、最初から家康は秀家を八丈島に流すため、久能に送り込んだという（『板坂卜斎覚書』）。秀家が八丈島に流されたのは、慶長十一年（一六〇六）のことである。

✕秀家の最期

秀家が八丈島へ流されたのは、慶長十一年、三十五歳のときであった。以来本土へ戻ることなく、秀家は八丈島での厳しい生活に耐え忍んできた。その間、秀家の愛する妻子は、次々と亡くなっていった。

秀家には娘がおり、伏見宮定清のもとに嫁いでいた（「慶長日件録」など）。名前などはわかっていない。また、もう一人の娘・理松院は加賀国前田氏を頼ったが、元和元年十月八日に亡くなった（「公女伝」）。理松院は二度の結婚に破れるなど、薄幸であったといえるだろう。

長男の秀高は、天正十九年（一五九一）の誕生である。慶長二年（一五九七）、七歳のときには従四位下・侍従となり、豊臣姓を賜っていた。そのまま何事もなければ、順調に出世するはずだった。八丈島に流されたのは、秀高十六歳のときである。

慶安六年（一六四八）八月十八日、秀高は亡くなった。亡くなったのは父よりも早く、五十八歳のときだった。死因は不明。法名は秀光院殿運照居士である。秀高は、八丈島代官である奥山縫殿助の娘を娶っており、以後も子孫が残った。

秀家の妻豪姫は、秀家の流罪に伴い、金沢前田家に身を寄せていた。化粧料（持参金）として、千五百石を与えられている。しかし、寛永十一年（一六三四）五月二十二日、六十一歳で亡くなった（『前田家譜』）。法名は樹正院である。位牌所は、金沢にある浄土宗大蓮寺に設けられ、境内には秀家の供養塔もある。夫秀家と離れた晩年は、きっと寂しかったに違いない。

秀家が亡くなったのは、明暦元年（一六五五）十一月二十日。死因は病死とだけあり、年齢は八十四歳という極めて高齢であった（『流人御赦免并死亡帳』）。八丈島での生活は、すっかり本土での生活期間よりも長くなっていた。『南方海島志』には、法名として「尊光院秀月久復居士」とある。墓は、長らく秀家が生活基盤とした大賀郷に築かれた。

次男の秀継は、慶長三年（一五九八）の生まれであり、八丈島に流されたときは、わずか九歳の子供に過ぎなかった。亡くなったのは、秀家が没してから二年後の明暦三年（一六五七）二月五日。六十歳であった。法名は、秀源院殿浄雲居士である。秀継にも妻がおり、子孫を残している。

その後の宇喜多秀家の子孫は前田氏らの支援を受けながら、幕末まで存続した。その間、姓の漢字表記を「宇喜多」から「浮田」に改め、流人頭に任命されるなど、すっかり八丈島に根付いていた。ようやく本土に戻ったのは、明治維新後のことだった。ところが、宇喜多一族は本土の生活に慣れず、ほどなくして散り散りになったという。

×黒田官兵衛と伊達政宗への空手形

黒田官兵衛孝高（如水）は東軍に属したが、望み通りの恩賞は与えられなかった。慶長五年八月二十五日付の井伊直政書状（黒田長政宛）によると、孝高が九州における自由な軍事活動と、切り取った領地をそのまま自分のものにすることを許されていたことがわかる（「黒田家文書」）。また、『高山公実録』に記載された同年九月十六日付の孝高の書状（藤堂高虎宛）には、切り取った領地をそのまま自分のものにしたいということが書かれている。

関ヶ原合戦の結果、子の黒田長政には筑前一国が与えられ、加藤清正も肥後一国を与えられた。黒田家は五十二万石の大大名になったが、孝高と加藤清正が家康から認められていたはずの九州での「切り取り自由」は、空手形だった。

その背景として合戦前の八月、畿内周辺で西軍の動きが活発化するなかで、家康も安穏《あんのん》と構えていられなくなっていたことが挙げられる。味方の数を増やす方策を考えねばならず、その手段は知行《ちぎょう》を与えることにほかならなかった。特に有名なのが、家康が伊達政宗《だてまさむね》に与えた「百万石のお墨付《すみつき》」と称するものである（「伊達家文書」）。

史料に挙がっているのは、天正十九年（一五九一）九月二十三日に政宗が秀吉によって取り上げられた旧領のことである。家康はこれを返還し、家老たちに分け与えるよう伝えたのである。この四十九万五千石余りに伊達家の当時の本領を加えると、百万石を超えるので、「百万石のお墨付」と称された。

関ヶ原合戦終了後、伊達政宗への恩賞の約束は守られることなく、わずかに刈田郡《かりたぐん》一万三千石が与えられたに過ぎなかった。

政宗は当初の約束の約五十分の一しか与えられず、百万石の夢は露と消えたのである。「百万石のお墨付」が反故にされた背景には、政宗が和賀《わが》一揆を扇動《せんどう》したからであるといわれている。結局は、政宗の自業自得といえるのかもしれない。

戦後の論功行賞は決して「切り取り自由」の原則で行われたわけではない。となると、家康が許可を与えたのは、空手形を連発することで各大名の奮起を促したに過ぎなかったのであろう。孝高（如水）や政宗の夢は、露と消えたのである。

✕上杉景勝の知行は三分の一に

戦後、敗北した上杉景勝は、どのように対応したのか。慶長五年十二月、景勝は京都で留守を預かる家臣の千坂景親《ちさかかげちか》に対して、本庄繁長《ほんじようしげなが》を上洛させるので、よく相談するように命じた。その際、本多正信ら家康の側近に口添えを依頼しており、和睦を結ぶ覚悟を決めていたことがわかる。同じ頃、直江兼続も上杉家の交渉窓口である榊原康政に対し、上杉家の実情を知らせる書状を送っていた。

その後も兼続は家康の執り成しにより、家康の次男・結城秀康の音信を受けた西笑承兌を通じて、和睦の交渉を行っていた。そして、翌慶長六年七月一日、ついに景勝と直江兼続は会津を発って上洛した（『当代記』）。到着したのは同年七月二十四日のことであった。八月八日、景勝は結城秀康に伴われて、伏見の家康のもとに参上している。八月二十四日、家康は景勝から会津百万石を取り上げ、米沢の地に三十万石を与えると伝えた（『家忠日記増補追加』）。これまでの約三分の一にまで減らされたのだ。具体的には、置賜《おきたま》・信夫《しのぶ》・伊達のわずか三郡に過ぎなかった。上杉領内の酒田城（山形県酒田市）は、最上義光により接収された。代わりに会津に入封したのは、かつて会津九十二万石を領していた蒲生秀行であった。

減封の影響は、むろん家臣たちにも及んでいた。同年八月、兼続は五ヵ条の条書を定めたが、その中の一条に「知行はこれまでの三分の一にする」との規定がある。全体が三分の一に減ったのであるから、当然の措置といえるかもしれない。以後、上杉家は、これ以上は知行地が増えることがなかった。こうして、上杉家の「関ヶ原合戦」は終わったのである。

しかし、宇喜多秀家などのように、すべての所領を取り上げられた者も存在したなかで、上杉氏のケースは、寛大な措置であったといえるのかもしれない。ここまでの減転封は、家康が主導して行ったことに注意を払う必要がある。

⚔豊臣系は西国、徳川譜代は関東、畿内

関ヶ原合戦において、勝者と敗者の差は非常に大きなものがあった。東軍で多大な加増（三十万石以上）をなされた大名を順に列挙すると、次のようになろう。

①結城秀康──一〇万一千石（下総・結城）→五六万九千石（越前・福井）
②松平忠吉──一〇万石（武蔵・忍）→五二万石（尾張・清須）
③蒲生秀行──一八万石（下野・宇都宮）→六〇万石（陸奥・会津）
④池田輝政──一五万二千石（三河・吉田）→五二万石（播磨・姫路）
⑤前田利長──八三万五千石（加賀・金沢）→一一九万五千石（同上）
⑥加藤清正──一九万五千石（肥後・熊本）→五一万五千石（同上）
⑦黒田長政──一八万石（豊前・中津）→五二万三千石（筑前・福岡）

ちなみに福島正則は、二十万石（尾張・清須）から四十九万八千石（安芸・広島）へと、二十九万八千石も加増された。外様大名を含め、徳川家の一族譜代も西軍から没収した所領を分け与えられたのである。このほかに態度が曖昧であったため、現状維持

のままであった者や、かえって疑念を掛けられる者などさまざまであった。慶長八年（一六〇三）に江戸幕府が成立するが、その磐石な体制はここに築かれたのである。ところで、軍功によって取り立てられた豊臣系武将は、その多くが西国方面に配置されたことが指摘されている。

先に挙げた池田輝政以下の四名は、山陽および九州方面に新たな領地を与えられている。ほかの豊臣系武将に目を転じてみても、細川忠興は丹後・宮津（京都府宮津市）から豊前・中津（大分県中津市）へ、浅野幸長は甲斐・府中（山梨県甲府市）から紀伊・和歌山（和歌山市）へ、山内一豊は遠江・掛川（静岡県掛川市）から土佐・浦戸（高知市）へ、それぞれが新しい領地を与えられた。これ以外にも、畿内周辺、中国、四国、九州方面に彼らは配置されたのである。逆に、徳川一門・譜代は、東国を中心に配置されたことが確認できる。

豊臣系武将だけではなく、徳川一門と譜代の家臣も大幅な加増の恩恵に浴した。その点を確認しておこう。

家康の次男である結城秀康は、下総・結城（茨城県結城市）十万石から越前・北ノ庄（福井市）五十六万九千石へと大幅な加増となった。同じく家康の四男・松平忠吉は、武蔵・忍（埼玉県行田市）十万石から尾張・清須（愛知県清須市）の五十二万石へと加増となっている。この二人は、ともに五倍近くの大幅な加増となった。この配置も大きな意味があり、秀康は加賀・前田家を牽制する役割を負ったという。いまだ、外様大名に対する監視を必要としたのである。

徳川家の譜代の家臣も、加増によって多くが国持《くにもち》大名に取り立てられた。しかし、豊臣系大名が西国方面に配置されたのとは異なり、彼らは関東から畿内周辺部にかけて新たな領地を与えられている。

井伊直政は近江・佐和山（滋賀県彦根市）、本多忠勝は伊勢・桑名（三重県桑名市）、奥《おく》平信昌《だいらのぶまさ》は美濃・加納（岐阜市）という具合である。こうした配置は、大坂の豊臣秀頼を牽制するとともに、西国に新たに入封した西国大名への対抗措置であったと考えられている。譜代の家臣が国持大名に取り立てられたのにも、大きな意味があった。

『譜牒余録』によると、家康は慶長五年九月十八日付の書状によって、小早川秀秋に備前国を与えると記している。やがて秀秋は、美作《みまさか》国も加えて拝領することになった。貢献度の高さがいかに評価されたかがわかるであろう。

✕家康はあくまで豊臣秀頼の後見人

秀吉の遺領を受け継いだ秀頼の所領高は、全国各地に散在する蔵入地など二百二十万石あったという。もちろん、関ヶ原合戦が始まるまでは、関東に基盤を置く徳川家康と並ぶ大大名であった。ところが、関ヶ原合戦後には、秀頼のお膝元である摂津《せっつ》、河内《かわち》、和泉《いずみ》の三ヵ国・六十五万石が辛うじて認められ、所領高は約三分の一までに激減したのである。

秀頼から取り上げられた所領は、東軍の諸将の恩賞として配分された。六十五万石といえば、いまだ大身の大名クラスの地位にあったが、没落した感は否《いな》めない。というのも、家康を除いたとしても、秀頼よりも所領高の大きい大名がほかにも存在したからである（前田利長など）。

こうして、秀頼は大幅な減封措置を受けたが、その地位はしばらくの間、比較的安定していたといってもよい。その理由は、東西両軍は名目であるかもしれないが、互いに豊臣政権を奉じて戦っており、全面的に秀頼が責めを負うわけではなかったからである。いかに所領高が減ったとはいえ、豊臣政権の威光は諸大名に影響があった。

ところで、当時の有力大名たちは秀頼に対して、どのような考えを持っていたのであろうか。その点で重要なのが、伊達政宗の書状である（「観心寺文書」）。

慶長六年（一六〇一）四月、政宗は家康の側近で茶人の今井宗薫に書状を送った。関ヶ原合戦の翌年のことである。

その内容は、今後も幼い秀頼を擁立して挙兵する者が出てくる可能性が大いにあり、そのことが豊臣家にとって不幸なことであると指摘したうえで、家康が秀頼を引き取り養育すべきであると説いている。さらに、秀頼が日本を統治する能力に欠けると判断された場合、家康は秀頼に二、三ヵ国程度（あるいはそれ以下）を与え、末永く豊臣家を存続させるとよい、と政宗は述べている。

この書状からは、勢力が縮小したとはいえ、なお秀頼の地位が安定していたことがうかがえる。政宗が秀頼を擁立する諸大名の存在を恐れているのは、その証左といえ、潜在的にそのような勢力があったことを匂《にお》わせる文面である。たとえば、そうした者たちとは、心ならずも東軍に与した諸大名が該当すると考えられる。

慶長十九年（一六一四）に大坂冬の陣が起きると、豊臣方は島津氏、蜂須賀氏、池田氏に味方になるように呼び掛けた（結果的に応じず）。関ヶ原合戦で東軍に属したとはいえ、豊臣方が潜在的に味方になると期待する大名がいたのは事実であろう。

同時に、当時の家康の立場が、あくまで秀頼の後見人あるいは補佐役に過ぎなかった側面も看取《かんしゅ》できる。それは、豊臣政権の存在を認めざるを得ないという現実である。政宗の立場は親家康派であったが、彼でさえもそうした実態をひしひしと感じていたのである。

秀頼と千姫の婚姻

ただ、政宗の考えは、もう少し別の角度から解釈することも可能である。秀頼が安定した地位を保ち、諸大名が擁立する可能性があるということは、いうまでもなく家康にとって脅威であった。東軍を率いて、西軍を打ち破った家康であったが、恩賞給付については自らが発給する判物でなく、口頭に拠った理由は秀頼の存在を憚《はばか》ったからである。恩賞の配分は秀頼の意を汲《く》んだものではなく、自ら決定したものだったが、いかに秀頼が幼少とはいえ、豊臣政権を完全に無視することはできないという事情があった。

こうした点を考慮すれば、政宗の書状は家康に警戒を促したものと考えてよい。もう少し書状の内容を深読みすれば、政宗は家康に対して早い段階での秀頼対策を勧めるものだったたということになろう。

家康は少なからず秀頼に警戒心を抱きつつも、豊臣家と融和する姿勢を怠《おこた》らなかった。われわれの先入観（あるいは通説）のなかには、家康が関ヶ原合戦における勝利を契機として、虎視眈々《こしたんたん》と豊臣家を滅亡に追い込もうと画策した印象が強い。しかし、実際は豊臣政権を憚って、家康は逆の対策を採ったのだ。

たとえば、慶長八年（一六〇三）二月に征夷大将軍《せいいたいしょうぐん》に任じられたが、豊臣方への配慮も忘れなかった。家康は秀吉の遺言を守り、当時まだ十一歳の秀頼に対し、孫娘で秀忠の息女・千姫《せんひめ》を嫁《とつ》がせたのである。千姫は、七歳の幼女であった。家康は秀頼と千姫との婚姻を通じて、両家の安定した関係を結ぼうと考えたのであろう。

家康の姿勢は実に慎重であるが、様子を見ながら着々と、そして大胆に政策を実行していったといえる。

◇◇◇ エピローグ ◇◇◇

徳川家康「関ヶ原体制」の創出

×二重公儀体制とは

これまで、関ヶ原合戦後における徳川家康と豊臣秀頼との関係は、秀頼が摂津、河内、和泉の三ヵ国の一大名に転落したとの認識から、政治過程が論じられてきた。しかし、こうした通説に疑問を投げかけ、新たに二重公儀体制を提唱したのが笠谷和比古氏である(笠谷：二〇〇八など)。氏の提唱は、従来説に修正を迫る重要な学説として知られている。笠谷氏によると、二重公儀体制とは次のように要約できる。

関ヶ原合戦後の政治体制は、将軍職を基軸として天下を掌握しようとする徳川公儀と、将来における関白任官を視野に入れ、関白職を基軸として将軍と対等な立場で政治的支配を行おうとする潜在的可能性を持った豊臣政権とが並存した。こうした両体制の並存を二重公儀体制と指摘する。

笠谷氏は関ヶ原合戦後、豊臣政権は急速に衰えたのではなく、徳川公儀との並存という形式で存続したという。秀頼の関白任官もその可能性の一つであるが、西国に豊臣系の諸大名が配置されたことは、東国は家康が支配し、西国は秀頼が支配するという考え方に基づいている。東西拮抗《きっこう》する形で、両体制が並存したのである。

さらに、笠谷氏は二重公儀体制の有効性を補強するために、①豊臣秀頼に対する諸大名伺候《しこう》の礼、②勅使・公家衆の大坂参向、③慶長期の伊勢国絵図の記載、④大坂方給人《きゅうにん》知行地の西国広域分布、⑤秀頼への普請役賦課の回避、⑥慶長十一年の江戸城普請における豊臣奉行人の介在、⑦二条城の会見における礼遇、⑧慶長十六年の三ヵ条誓詞、の八点を新たに指摘している。

特に、ここでは②～④について触れておきたい。

最初は②である。家康が将軍職に就いた慶長八年以降、引き続き朝廷から秀頼のもとに勅使が派遣されていた。また、親王、公家、門跡《もんぜき》衆も、同じく秀頼のもとに参向した。勅使・公家衆の大坂参向は、慶長十六年（一六一一）に後水尾《ごみずのお》天皇が即位してからも継続され、大坂冬の陣が勃発する慶長十九年（一六一四）まで行われた。つまり、家康の将軍任官にもかかわらず、朝廷の秀頼に対する態度は変化しなかったということになろう。豊臣政権が健在であった証左となされている。

しかし、秀頼は右大臣という地位まで上り詰めたが、関白に就任することはなかった。のちに官位授与には家康の推挙が必要になったため、その芽は完全に摘《つ》まれたといってもよい。また、家康は天皇家の譲位問題に関与するほどの力を持っていたことから、勅使・公家衆の大坂参向にどれほどの意味があったのか疑問が残る。むしろ、勅使・公家衆の大坂参向は、慣例的であったといわざるを得ない。したがって、②については形式的な問題であって、根拠にするには疑義があるといえよう。

次に、③④に移ろう。③は慶長十年代に作成された慶長期の絵図（「桑名御領分村絵図」）に本多忠勝や関一政《せきかずまさ》の名前とともに、秀頼家臣の名前が散見されるという指摘である。この事実によって、本多忠勝らと秀頼の家臣が対等に扱われているので、秀頼は家康と対等またはそれ以上の権威を有していたと指摘する。

次の④の指摘は、秀頼家臣の知行地が摂津、河内、和泉の三ヵ国だけでなく、西国諸国に広範に分布していたであろうということである。こうした事例は伊勢と備中《びっちゅう》で確認されているが、両国が国奉行設置国であったことを勘案すると、残りの五畿内と但馬、丹波、近江、美濃にも秀頼家臣の知行地があったのではないかと予測している。秀頼の支配権は摂津、河内、和泉の三ヵ国を超えて、西国方面に広範に及んでいたと指摘しており、その支配権は案外広かったということになる。

✕転機となった征夷大将軍就任

こうした指摘の意義は大きいといえる。しかし、裏付けとなる史料も乏しく、十分な確証が得られていない。知行地が広範に存在したと想定されるにしても、その実態がある程度実証されない限り、秀頼の支配権を強調するのは困難であるように思う。現状では、豊臣給人の知行地は関東周辺の旗本領ほどの広域性や密度はなかったであろうということ、摂津、河内、和泉は純粋な秀頼の直轄領でなく、大名領・寺社領が点在していたと指摘されている。

笠谷氏は種々の指摘をしているが、二重公儀体制の論拠とするには、いささか不足するところがあると感じられる。

家康が秀頼の扱いについて、相当な注意を払っていることは、筆者も同意するところである。しかし、慶長八年における家康の征夷大将軍職就任が大きな転機であり、二年後に秀忠が将軍職を継承したことは決定的であった。以後、秀頼の権威は凋落《ちょうらく》した。家康は強大な権力で秀頼を服従させなかったが、狡猾《こうかつ》な手法を用い、真綿で首を絞めるがごとく、じわじわと追い詰めたのが実態であったと考える。

仮に二重公儀体制を認めるにしても、せいぜい慶長八年頃までであろうと考えられる。それより重要なのは、豊臣政権下において、家康が完全に主導権を握ったという事実である。その点は、次に触れることにしよう。

関ヶ原体制の創出

家康が秀頼を温存し、すぐさま成り代わって天下人になろうとしなかったのは事実である。それは、天正十年（一五八二）六月の本能寺の変で織田信長の横死後、羽柴（豊臣）秀吉が織田家の後継者である三法師《さんぼうし》（秀信）を容認し、織田体制を維持した例と酷似している。しかし、秀吉は実態として、着々と勢力の伸長を図っていたのは周知のことである。秀吉が天下人になるのには、敵対するライバル（柴田勝家《しばたかついえ》など）を打ち倒すなど、いくつかのステップが必要だった。

関ヶ原合戦後から家康が征夷大将軍に就任する期間については、関ヶ原体制なるものが存続したと考えるべきである。では、関ヶ原体制とはどのようなものなのか。以下、解説しておこう。

先に取り上げた二重公儀体制では、①②のような形式的な側面（秀頼の関白任官の可能性も含む）が重視されたり、あるいは③④のように論証面で弱い部分があった。むしろ、そうした面よりも、家康によるさらに具体的な政策を確認する必要があると考える。

先述した西軍諸将の改易、減転封、および東軍諸将への領知宛行《あてがい》も重要である。家康は秀頼を憚って、領知宛行状を発給せず、口頭によって措置をしたという（「細川家史料」など）。しかし、実際に領知の配分を行ったのは、井伊直政、本多忠勝ら家康配下の家臣だったといわれている（『慶長年中卜斎記』）。家康が領知宛行の判物を発給し得なかったことよりも、豊臣政権下で戦後処理を差配したことを重視すべきだろう。

慶長六年四月十六日、片桐且元《かたぎりかつもと》ら四名の連署により、豊後の中川秀成《なかがわひでなり》に知行目録が与えられた（「中川家文書」）。それだけではない。同年九月六日、岡江雪《おかこうせつ》と山岡景友《かげとも》の連署により、秀成に書状を送った（「中川家文書」）。そこには家康が秀成の忠節を認めて所領を安堵すること、西軍に属した太田一吉《おおたかずよし》を改易し、その与党を遠国に追いやったことを記している。つまり、所領安堵や改易などには、あくまで家康の主体性が見られる点に注意すべきである。

加えて、新たに所領を与えられた大名たちも、決して楽をして入封を果たしたわけではない。土佐に入封した山内一豊のケースは、あらかじめ徳川家が下準備をしていた。家康の命を受けた井伊直政が家臣に命じて、長宗我部氏の居城・浦戸城を接収しようとした。その際、長宗我部氏の家臣が籠城し、井伊氏に抵抗した（浦戸一揆）。こうした混乱した状況を乗り越え、山内氏は土佐に入封したのである。つまり、徳川家による主導だった。

改易処分を受けた長宗我部元親や立花宗茂は、再び大名として返り咲くため、伏見城に滞在中の家康に交渉しようと考えた。交渉相手が秀頼ではなかったのである。結果的に二人の願いは叶わなかったが、大名としての復帰は、家康の判断に任されていたことが看取できる（のちに宗茂だけが復活した）。こうした点において、家康の優越性を認めざるを得ないだろう。領知給与や大名への復帰の承認は、家康がほぼ掌握していたのだ。

秀頼の諸権限の吸収

家康は、着々と政策面で手を打った。関ヶ原合戦直後、家康は奥平信昌を京都所司代に任命した。京都所司代の職務は、京都市中の治安維持、朝廷・公家に関する政務の管掌、京都・伏見・奈良の三奉行の支配、京都周辺八ヵ国の訴訟の処理、西国の大名の監視などだった。これにより、家康は畿内およびその周辺の支配に関わることになったのである。加えて、家康は堺、伊勢山田、長崎などの主要都市も掌握していた。

信昌の在任期間は、わずか数ヵ月に止まった。翌慶長六年（一六〇一）九月、京都所司代に任じられたのは板倉勝重《いたくらかつしげ》である。もともと勝重は出家して僧侶になっていたが、兄らの戦死が続いたことによって、家康に還俗を命じられたという。当初の勝重は一万石にも満たない知行に止まっていたが、京都所司代を務めて八年後の慶長十四年には、一万六千石余の大名に出世した。

それまでの勝重は、天正十四年（一五八六）から駿府（静岡市駿河区）の町奉行や江戸の町奉行を歴任するなど、行政のエキスパートとして知られていた。勝重が家康に重用されたのは、京都所司代という重要な職務にその理由を求めることができる。

京都には朝廷や公家が居住しており、少し距離が離れているが、秀頼が本拠を構える大坂城もあった。何より京都は、古来より政治・経済・文化の中心地である。家康も無視することができない重要な地域であった。それゆえに、勝重のようなベテランかつ実務に長けた人物が起用されたと考えられる。京都所司代のもっとも重要な役割は、次の三点に集約することができる。

①京都支配に関すること（警備など）。
②朝廷・公家に関する政務の管掌。
③西国大名の監視。

いうなれば、京都所司代は西国支配の要であったといってよい。とりわけ③の役割は、徳川公儀を確立する意味で重要視された。先述のとおり、豊臣系の諸大名は、西国方面に数多く配置されていたからである。むろん、③には大坂城の豊臣秀頼の監視という役割も含まれていた。

関ヶ原合戦終了後のしばらくの間、諸大名は秀頼のもとに伺候していた。家康は、こうした情報を的確に把握する必要に迫られていたのである。同時に、朝廷も無視できない存在であった。結果、勝重の在任期間は十九年の長きにわたり、京都所司代は老中に次ぐ重職となったのである。

こうして家康は経済的な利権を掌握するとともに、西国方面への注意を怠らなかった。家康は周囲から豊臣公儀の代行者として認識されていたかもしれないが、早い段階から政権獲得への強い意欲を持っていたと考えられる。そして、それはやがて訪れる、大坂の陣への布石でもあった。

重要鉱山の直轄化と天下普請

同時に注目すべきは、重要鉱山の直轄化である。家康は佐渡金山、大森銀山（石見）、生野銀山（但馬）、黒川金山（甲斐）などを配下に収め、その経営を大久保長安に任せた。長安は天正十年（一五八二）三月の武田氏滅亡後、家康に取り立てられた。もとは猿楽師であったが、大久保忠隣から大久保姓を与えられ、大久保十兵衛と名を改めた。天正十八年(一五九〇)に家康が関東に入部すると、武蔵国八王子に陣屋を構え、伊奈忠次とともに直轄地支配、知行割、検地などで頭角をあらわした。もっとも得意としたのが鉱山経営であった。

長安は甲州流の優れた採鉱技術を駆使し、配下の有能な山師を起用して、各地の鉱山の経営・開発を行った。さらに鉱石の産出量を増やすため、中国やメキシコから積極的に新しい技術を取り入れた。これにより徐々に徳川家の財政基盤は安定し、来るべき江戸幕府開幕の下地となった。

慶長七年(一六〇二)五月、家康は上洛時の宿所として、二条城(京都市中京区)の築城を決定した(『時慶卿記』など)。築城の場所を大宮押小路に決めると、町屋の立ち退きを開始して準備を進めた。同年十二月、西国諸大名を動員し、造営費用や労務の負担を求めた。そして、京都所司代・板倉勝重が造営総奉行を担当し、中井正清が作事(建築)の大工棟梁に任じられた。これが、家康による天下普請の萌芽といえよう。

同年六月には、伏見城を再建すべく、諸大名に修築を命じた(『当代記』など)。伏見城は関ヶ原合戦のときに攻撃を受け、相当傷んでいた。家康は諸大名を工事に動員し、再建を成し遂げたのである。こうして城下や大名屋敷も整備され、同年末に家康は伏見城に入った。これも畿内支配の布石だったと考えられる。

これまで挙げたもののうち、所領宛行、京都など主要都市の支配、鉱山の直轄化、天下普請などは従来、おおむね豊臣政権で行っていた。家康は、本来秀頼が持つ諸権限を自らが掌握することにより、徐々に権力基盤の強化に努めた。同時に、諸大名の動員権をも掌握していた。むろん、ほかにも政策はあるが、家康は秀頼を支えるという名目を掲げつつ、豊臣政権における秀頼の諸権限を徐々に吸収していったのである。この過程こそが関ヶ原体制なのである。家康は関東を差配する一大名から、西国をも含めた支配を視野に入れたのである。

✕家康と朝廷との関係

慶長十年（一六〇五）の秀忠の征夷大将軍任官以降、家康は徳川公儀確立のため、周到にことを進めた。その中で重要な政策は、いうまでもなく諸国の大名統制であるが、同時に朝廷・公家の統制を進めることも重要な意味を持った。家康はいかなる手法によって、これを実現したのであろうか。

慶長十一年四月、家康は上洛して年賀の礼を執り行った。このとき家康は、武家伝奏（武家からの奏上を朝廷に取り次ぐ役職）と相談を行った。その結果、「武家の官位については家康の推挙がなければ与えてはならない」と朝廷サイドに奏請することにより、勅許を得たのである（『慶長日件録』）。

このことによって、家康は武家官位の推挙権を獲得することになる。そして、家康は意気揚々と伏見城へと戻ったのであった。家康が武家官位の推挙権を獲得した事実は、いったい何を意味するのであろうか。

秀吉が独自の武家官位制を創出し、同時に「羽柴」「豊臣」姓を与え、大名統制を図ったことは有名である。口宣案辞令書には、「羽柴」または「豊臣」姓が記された。秀吉は、武家の官位執奏権を完全に掌握していたのである。家康が秀吉の手法にならったことは、もはやいうまでもないであろう。

✕家康による武家官位推挙の独占

武家が官位を得ようとするならば、必然的に家康の推挙を得る必要が生じた。これは秀頼であっても同じで、家康の推挙を要した。官位授与の側面から見れば、秀頼は家康に従わなければならなかったのである。

もう少し具体的に見ておこう。慶長八年（一六〇三）八月、家康の推挙によって、山内一豊が従四位下・土佐守に任官された（「山内家史料」）。まだ、家康が武家官位執奏権を掌握する前の話である。

ところが、この口宣案には、いまだ豊臣姓が記されていた。そもそも豊臣姓は、一豊が秀吉から授与されたものである。このほかに浅野幸長や福島正則の例を確認しても、慶長七・八年段階において、豊臣姓が使用されているのである。この事実は、家康が豊臣家を憚ってのことと考えられる。

慶長十年に秀忠が征夷大将軍に就任すると、状況は大きく変化を遂げる。同年七月、一豊のあとを継いだ康豊は、従五位下・対馬守に任官された（「山内家史料」）。しかし、口宣案を確認すると、かつての豊臣姓ではなく、もとの藤原姓に戻っている。その五年後には、秀忠から「忠」の字を与えられて「忠義」と改名し、松平姓を授与された。慶長十年以降、一部の例外を除き、大名に与えられた口宣案に豊臣姓は見られなくなる。つまり、大名の官位統制は、慶長十年を一つの画期と捉えることが可能である。

ところで、秀吉は、武家官位を従来の体系の中に押し込もうとした。これまでも公家の官位は不足していたのであるが、秀吉の政策によってさらに事態は深刻化した。公家は官位こそ与えられたものの、官位に見合った職に就けなかったのである。ところが、家康は武家官位について、画期的な対策を行っている。

慶長十六年（一六一一）、家康は武家官位を公家の員外にすることを奏請し、勅許を得たのである（『続史愚抄』）。平たく言えば、武家の官位は公家の官位と別個にしたのである。このことによって、官位不足という問題を避けることが可能になった。武家官位を公家の員外にする措置は、慶長二十年に制定された「禁中並公家諸法度」に継承されている。これにより家康は、朝廷をもコントロール下に置いたのである。

こうした一連の手法は、本来官位を授与する朝廷の権限を大きく制約することになった。家康にとっては、一石二鳥ともいえる政策だった。

江戸城の天下普請

家康の威勢が諸大名に浸透した例としては、天下普請を挙げることができる。家康は諸大名に協力を呼び掛け、諸城の普請を行った。

関東に本拠を置いた家康は、各地の大名に命令し、江戸城の普請を命じた。天下普請も徳川公儀を権威付けるうえで、重要な意味を持った。慶長八年、家康は征夷大将軍に任官すると、手始めに江戸市街地の大規模な整備に着手した。家康は有力な外様大名、家門・譜代に命じて千石夫を徴発すると、神田山（現在の千代田区神田駿河台付近）の台地を崩し、豊島の洲崎（現在の中央区日本橋浜町から港区新橋にかけての地域）を埋め立てたのである。

　こうして、日本橋から新橋に至る、広大な土地が造成されたのである。新市街地は碁盤目状の区画整理が実施され、町人地が生まれた。同時に東海道も付け替えられ、新しい町地を通過するようになり、日本橋が街道の起点となった。世界的な大都市・江戸の誕生であり、徳川家の権威の象徴でもあった。

　やがて江戸城の大手門やその周辺には、諸大名の邸宅が並ぶようになった。のちに江戸幕府によって、参勤交代制度や大名妻子の人質制度が行われると、江戸は名実ともに全国の総城下町として認識されたのである。江戸の整備は家康以降も続き、寛永十年（一六三三）頃にいったん終了した。寛永期における江戸の人口は、約十五万人であったという。当時、江戸は世界的な大都市であった。

　江戸の整備が着々と進展するなかで、江戸城の大改築が計画されるようになった。家康にとって、江戸城は一大名の居城ではなく、政治・経済の中心地にふさわしい城でなくてはならないという意識が芽生えたのであろう。そのためには家康単独の事業ではなく、各地の諸大名の援助が必要である。計画が実際に着手されたのは、江戸整備が始まった翌年の慶長九年（一六〇四）のことであった。

　この計画はかなり大掛かりなもので、西国方面の豊臣系諸大名を含む全国の諸大名を動員して推進された。加藤清正や福島正則といった、豊臣系諸大名の面々もである。

家康は彼らに必要な資金を与えると、石材運搬用の石鋼船を建造するよう命令した。完成した石鋼船は三千艘に及ぶといわれ、切り出された石材が伊豆から江戸へと連日のように運ばれた。まさしく壮大な規模であった。こうして石材は次々と江戸に運搬され、慶長十一年（一六〇六）三月から江戸城普請が本格的に開始されたのである。

関ヶ原体制から江戸幕府開幕へ

慶長五年の段階において、官職では家康の方が秀頼よりも上であった（『公卿補任』）。しかし、関ヶ原合戦後、急速に立場が入れ替わったわけではない。相変わらず諸大名は歳首をお祝いする際、まず大坂城の秀頼のもとに伺候し、次に伏見城の家康のもとを訪れた。それは慶長八年（一六〇三）二月八日まで、家康も同じ立場にあった。つまり、家康以下の諸大名は、秀頼に対して臣下の礼をとっていたのである。

ところが、その体制も家康が征夷大将軍に任じられて、一気に変わった。慶長八年二月十二日、家康は征夷大将軍に任じられた（『公卿補任』）。同時に、源氏長者《げんじちょうじゃ》、淳《じゅん》和《な》・奨学両院別当《しょうがくりょういんべっとう》に任じられ、牛車《ぎっしゃ》・兵仗《へいじょう》の礼遇を承認されるとともに、従一位・右大臣となったのである。

一方、秀頼も家康が征夷大将軍になった約二カ月後、正二位・内大臣に任じられた。

実は当時、秀頼が関白になるという噂が流れており、世上の人々は秀頼が近いうちに関白に就任するであろうとの認識を共有していたという。関ヶ原合戦後、関白に就任したのは九条兼孝《くじょうかねたか》で、ついに秀頼は就任しなかった。秀頼の関白就任の可能性を重視する向きもあるが、それはあくまで噂に過ぎない点に注意すべきである。同年七月、秀頼は秀忠の娘・千姫を妻に迎え、徳川家との関係を深めた。

慶長九年（一六〇四）八月、家康は伏見城において、諸大名に御前帳《ごぜんちょう》・国絵図を提出するよう求めた。御前帳は国家的な土地の帳簿のようなものであり、軍役《ぐんえき》の賦課《ふか》基準にもなっていた。かつて豊臣政権下でも提出が求められ、大坂城に保管されていたという。家康が提出期限としたのは、慶長十年（一六〇五）九月までの約一年だった。

国絵図提出の対象となる地域は、越中・飛騨から伊勢・紀伊の間を境とする以西だった。これにより家康は西国諸大名の石高を把握し、来るべき江戸城などの天下普請における負担の基準とした。それは同時に、戦争に際しての軍役賦課の基準となった。御前帳・国絵図の徴収もまた、豊臣政権の権限の吸収に位置づけられる。

慶長十年四月、家康の子・秀忠が征夷大将軍に就任した。これにより征夷大将軍職は徳川家に世襲されることが天下に知らしめられ、徳川家の武家の棟梁《とうりょう》としての地位が確立したのである。この時点で秀頼は一大名としての地位に止まり、もはや政権を担う可能性はゼロに等しくなったのである。慶長八年二月における家康の征夷大将軍就任を契機として、関ヶ原体制は区切りを迎え、江戸幕府による徳川家の支配が開始されたのである。

✕関ヶ原合戦とは何だったのか

本書冒頭で記したとおり、関ヶ原合戦は小説、映画、テレビドラマなどによって、随分と捻《ね》じ曲げられて伝わった。秀吉死後、家康は虎視眈々と天下人の座を狙い、あらゆる謀略を用いたことになっており、おもしろおかしい根拠のない逸話が多々生み出された。最終的に、家康は豊臣家を滅ぼすべく、さまざまな手法を用い、ついに大坂の陣で成し遂げるというストーリーである。

家康が天下獲りを常に狙っていたか否かは不明である。現在でも、「総理大臣になりたい」と思っても、なかなか思い通りにはいかない。ただ、その第一歩として、さまざまな人脈を作り、影響力のある立場に少しずつ近づくのは可能だろう。家康の場合もそうだったのではないだろうか。それは、天正十年（一五八二）六月の本能寺の変後、数多くの重臣のなかから抽《ぬき》んでた存在になった、羽柴（豊臣）秀吉の手法と同じである。

秀吉死後の家康に天下獲りの意思があったかと言えば、否《いな》であろう。その代わり、秀吉死後における豊臣政権下での優位性、発言権を確保したいという気持ちはあったに違いない。私婚や大名の邸宅を盛んに訪問していたのは、意思のあらわれである。もともとの家康の権力欲は、あくまで豊臣政権の枠内という制限付きだった。ほかにも五大老、五奉行が存在したのだから、少なからず配慮する必要があった。

豊臣政権の枠組みが壊れたのが、関ヶ原合戦だった。直前に有力な諸大名を屈服させ、多数の有力大名を味方にすることに成功した家康は、合戦で石田三成らとの戦いで勝利を得た。すでに五大老・五奉行制が崩壊し、豊臣政権の主宰者である秀頼が幼い以上、戦後の混乱を収めることができるのは、家康以外にはいなかった。家康の天下獲りの第一歩として、関ヶ原合戦後、諸大名の恩賞配分を決定したことは、武家のトップに立つうえで重要なことだった。

その後も豊臣政権が持つ主要な権限を吸収し、特に西国支配の足掛かりを得たのは大きかったといえる。こうして天下獲りのスイッチの入った家康は、慶長八年に征夷大将軍に就任し、二年後に秀忠に譲って世襲とした。さらに、ほかの大名を天下普請に動員するなど、完全に武家の棟梁としての地位も獲得した。豊臣と徳川の二重公儀体制も、あくまで表面的なものにすぎず、短い期間しか続かなかった。実質的な部分では、家康が政治権力を掌握していたのである。

現在のわれわれは家康の権力確立過程を予定調和的に捉えるが、実際はそうではない。家康は豊臣政権における優位性を保とうと画策し、その延長線上に徐々に実権を掌握したと見るべきなのである。関ヶ原合戦はその大きな転換点であり、関ヶ原体制に手ごたえを感じた家康は、一気に征夷大将軍就任および江戸幕府の開幕へと舵を切ったのである。

おわりに

冒頭でも記したとおり、関ヶ原合戦に関する史料は多いが、なかには信頼に値しない俗書も多々ある。本書では極力二次史料を排し、良質な一次史料と信頼すべき先行研究に拠るように心掛けた。

それでも、史料を正確に読むのは難しいと痛感する。史料は自説に有利になるよう解釈するものでもなければ、「こう読んだらおもしろいだろう」と考えて読むものでもない。あくまで書かれていることを正確に読み取らなければならないのである。

昨今、トンデモ本が横行している感があるが、おもしろい説というのは極めて怪しいものである。そもそも史料を読めないのは論外であるが、史料を読んだふりをした、首をかしげたくなる説が世間一般に力を持つのもおかしな話である。そういう珍妙な説は、おおむね史料を誤って読んでいるか、自説に有利なように曲解しているか、論理の飛躍によって自説に結びつけているかのいずれかである。

一方、近年では政治史や合戦史の研究などで、二次史料を積極的に活用しようという動きが活発化している。比較的正しい時系列で書かれた軍記物語、合戦に参加した当事者が後世に執筆した覚書はよく利用されている。反面、それら二次史料の史料批判が十分であるかといえば、そうでない例も多い。

それは、史料の来歴の確かさ（名家に伝わるものとか）や、一次史料と突き合わせて正しい部分が多いかというだけの問題ではない。一次史料で裏付けられない二次史料の記述をどう担保するのかは、関ヶ原合戦の研究も含めて、今後の課題と考える。

なお、本書は一般書であることから、本文では読みやすさを重視して、学術論文のように逐一、史料や研究文献を注記しているわけではない。執筆に際して多くの論文や著書に拠ったことについて、厚く感謝の意を表したい。

最後に、本書の編集に関しては、ＰＨＰ研究所の辰本清隆氏のお世話になった。辰本氏には原稿を丁寧に読んでいただき、種々貴重なアドバイスをいただいた。ここに厚くお礼を申し上げる次第である。

二〇一九年八月

渡邊大門

文庫版あとがき

関ヶ原合戦に関しては、今も多くの人々の関心が高い。かつては二次史料に基づく逸話で物語られることが多かったが、白峰旬氏、水野伍貴氏らの一次史料に基づいた精力的な研究によって、多くの従来説が改められた。とはいえ、それが広く浸透したかといえば、残念ながら、まだ途上にあるといわざるを得ないだろう。

この間、根拠のない新説も数多く登場した。考古学や絵画史の成果を取り入れたものも散見するが、学際的な研究は思った以上に大変で、ほかの専門分野にまで手を伸ばすのは困難である。同時に、せっかく一次史料を用いていても、解釈を曲解する例も見られる。論理的に破綻したものも多い。

本書の文庫化に際しては、ＰＨＰ研究所の藤木英雄氏のお世話になった。この場を借りて、厚くお礼を申し上げる次第である。

二〇二三年一月

渡邊大門

主要参考文献

跡部信『豊臣政権の権力構造と天皇』(戎光祥出版、二〇一六年)
阿部勝則「豊臣五大老・五奉行についての一考察」(『史苑』四九巻二号、一九八九年)
石畑匡基「秀吉死後の政局と大谷吉継の豊臣政権復帰」(『日本歴史』七七二号、二〇一二年)
今井林太郎『石田三成』(吉川弘文館、一九六一年)
今福匡『直江兼続』(新人物往来社、二〇〇八年)
太田浩司『近江が生んだ知将 石田三成』(サンライズ出版、二〇〇九年)
笠谷和比古『関ケ原合戦と近世の国制』(思文閣出版、二〇〇〇年)
同『戦争の日本史17 関ヶ原合戦と大坂の陣』(吉川弘文館、二〇〇七年)
同『関ヶ原合戦―家康の戦略と幕藩体制―』(講談社学術文庫、二〇〇八年)
桐野作人「検証『直江状』の真偽―名門上杉氏の意気を示した本物―」(『新・歴史群像シリーズ⑰ 直江兼続』学習研究社、二〇〇八年)
同『謎解き 関ヶ原合戦―戦国最大の戦い、20の謎―』(アスキー新書、二〇一二年)
同『関ヶ原 島津退き口――敵中突破三〇〇里―』(学研M文庫、二〇一三年)
桑田忠親(編集)『日本の合戦 七 徳川家康』(新人物往来社、一九七八年)
下村信博「松平忠吉と関ヶ原の戦い」(『名古屋市博物館研究紀要』三四巻、二〇一一年)

白峰旬「関ヶ原の戦いに関する再検討」(『別府大学大学院紀要』一〇号、二〇〇八年)
同「直江状についての書誌的考察」(『史学論叢』四一号、二〇一一年)
同『新「関ヶ原合戦」論―定説を覆す史上最大の戦いの真実―』(新人物往来社、二〇一一年)
同「フィクションとしての小山評定―家康神話創出の一事例―」(『別府大学大学院紀要』一四号、二〇一二年)
同『新解釈　関ヶ原合戦の真実―脚色された天下分け目の戦い―』(宮帯出版社、二〇一四年)
同「小山評定は歴史的事実なのか(その1)―拙論に対する本多隆成氏の御批判に接して―」(『別府大学紀要』五五号、二〇一四年)
同「小山評定は歴史的事実なのか(その2)―拙論に対する本多隆成氏の御批判に接して―」(『別府大学大学院紀要』一六号、二〇一四年)
同「小山評定は歴史的事実なのか(その3)―拙論に対する本多隆成氏の御批判に接して―」(『史学論叢』四四号、二〇一四年)
同「「小山評定」の誕生―江戸時代の編纂史料における小山評定の記載内容に関する検討―」(『別府大学大学院紀要』一六号、二〇一四年)
同「いわゆる小山評定についての諸問題―本多隆成氏の御批判を受けての所見、及び、家康宇都宮在陣説の提示―」(『別府大学大学院紀要』一九号、二〇一七年)
外岡慎一郎『シリーズ実像に迫る2　大谷吉継』(戎光祥出版、二〇一六年)
同『「関ヶ原」を読む―戦国武将の手紙―』(同成社、二〇一八年)

中野等『石田三成伝』(吉川弘文館、二〇一六年)
中村孝也『新訂　徳川家康文書の研究　中巻』(日本学術振興会、一九八〇年)
布谷陽子「関ヶ原合戦と二大老・四奉行」(『史叢』七七号、二〇〇七年)
林　千寿「慶長五年の戦争と戦後領国体制の創出―九州地域を素材として―」(『日本歴史』七四二号、二〇一〇年)
藤井治左衛門(編著)『関ヶ原合戦史料集』(新人物往来社、一九七九年)
二木謙一『関ヶ原合戦　戦国のいちばん長い日』(中公新書、一九八二年)
堀越祐一『豊臣政権の権力構造』(吉川弘文館、二〇一六年)
本多隆成『定本　徳川家康』(吉川弘文館、二〇一〇年)
同「小山評定の再検討」(『織豊期研究』一四号、二〇一二年)
同「「小山評定」再論―白峰旬氏のご批判に応える―」(『織豊期研究』一七号、二〇一五年)
水野伍貴『秀吉死後の権力闘争と関ヶ原前夜』(日本史史料研究会、二〇一六年)
同「石田三成襲撃事件の真相とは」(渡邊大門編『戦国史の俗説を覆す』柏書房、二〇一六年)
同「小山評定の歴史的意義」(『地方史研究』三八六号、二〇一七年)
同「加賀征討へ向かう動静の再検討―会津征討との対比を通して―」(『十六世紀史論叢』一一号、二〇一九年)
光成準治『関ヶ原前夜―西軍大名たちの戦い―』(角川ソフィア文庫、二〇一八年)
同「軍事力編成からみた毛利氏の関ヶ原」(谷口央編『関ヶ原合戦の深層』高志書院、

二〇一四年）
同編著『シリーズ・織豊大名の研究4　吉川広家』（戎光祥出版、二〇一六年）
宮本義己「〝直江状〟の信憑性」（『歴史読本』四三巻八号、一九九八年）
同「内府（家康）東征の真相と直江状」（『大日光』七八号、二〇〇八年）
同「直江状研究諸説の修正と新知見」（『大日光』八二号、二〇一二年）
盛本昌広『境界争いと戦国諜報戦』（洋泉社歴史新書y、二〇一四年）
矢部健太郎『豊臣政権の支配秩序と朝廷』（吉川弘文館、二〇一一年）
同『敗者の日本史12　関ヶ原合戦と石田三成』（吉川弘文館、二〇一三年）
山本洋「『陰徳太平記』の成立事情と吉川家の家格宣伝活動」（『山口県地方史研究』九三号、二〇〇五年）
同「『関ヶ原軍記大成』所載の吉川家関連史料をめぐって」（『軍記物語の窓』第四集、二〇一二年）
山本博文「『直江状』の真偽」（『天下人の一級史料―秀吉文書の真実―』柏書房、二〇〇九年）
渡辺三省『直江兼続とその時代』（野島出版、一九八〇年）
拙著『戦国の交渉人―外交僧・安国寺恵瓊の知られざる生涯―』（洋泉社歴史新書y、二〇一一年）
拙著『宇喜多直家・秀家――西国進発の魁とならん――』（ミネルヴァ書房、二〇一一年）
拙著『黒田官兵衛・長政の野望―もう一つの関ヶ原――』（角川選書、二〇一三年）

拙著『謎とき　東北の関ヶ原——上杉景勝と伊達政宗——』（光文社新書、二〇一四年）
拙著『こんなに面白いとは思わなかった！　関ヶ原の戦い』（光文社・知恵の森文庫、二〇一五年）
拙編『家康伝説の嘘』（柏書房、二〇一五年）
拙編『戦国史の俗説を覆す』（柏書房、二〇一六年）
拙稿「関ヶ原合戦における小早川秀秋の動向」（『政治経済史学』五九九・六〇〇合併号、二〇一六年）
拙著『宇喜多秀家と豊臣政権——秀吉に翻弄された流転の人生——』（洋泉社歴史新書y、二〇一八年）
拙著『地域から見た戦国１５０年　７　山陰・山陽の戦国史』（ミネルヴァ書房、二〇一九年）
拙稿「関ヶ原合戦における軍法について」（『十六世紀史論叢』一一号、二〇一九年）

※ここに挙げた主要参考文献は、ごく一部に過ぎない。関ヶ原合戦に関する研究は膨大なので、必要最小限に限らせていただいたことをご了解いただきたい。

〔主要参考文献追加〕

太田浩司編『石田三成　関ヶ原西軍人脈が形成した政治構造』(宮帯出版社、二〇二二年)
笠谷和比古『論争　関ヶ原合戦』(新潮選書、二〇二二年)
小池絵千花「関ヶ原合戦の布陣地に関する考察」(『地方史研究』七一巻三号、二〇二一年)
白峰旬『新視点　関ヶ原合戦』(平凡社、二〇二〇年)
同「『小山評定』論争の最前線　家康宇都宮在陣説を中心に」(『史学論叢』五一号、二〇二一年)
千田嘉博「戦国の戦乱2」(『新説　戦乱の日本史』SB新書、二〇二一年)
日本史史料研究会監修、白峰旬編『関ヶ原大乱、本当の勝者』(朝日新書、二〇二〇年)
藤井讓治「慶長五年の「小山評定」をめぐって」(『龍谷日本史研究』四二号、二〇一九年)
同『徳川家康』(吉川弘文館、二〇二〇年)
本多隆成「『小山評定』再々論　家康の宇都宮在陣説を中心に」(『地方史研究』六九巻二号、二〇一九年)
同「『小山評定』と福島正則の動静」(『織豊期研究』二三号、二〇二一年)
同『徳川家康の決断　桶狭間から関ヶ原、大坂の陣まで10の選択』(中公新書、二〇二二年)
水野伍貴「加賀征討へ向かう動静の再検討　―会津征討との対比を通して―」(『十六世紀史論叢』一一号、二〇一九年)

同「「加賀征伐」虚構説の再批判」(『研究論集　歴史と文化』八号、二〇二一年)
同『関ヶ原への道　豊臣秀吉死後の権力闘争』(東京堂出版、二〇二一年)
同「関ヶ原の戦い」(拙編『徳川家康合戦録　戦下手か戦巧者か』星海社新書、二〇二二年)
同「関ヶ原合戦布陣図作成に向けた一試論」(『研究論集　歴史と文化』一〇号、二〇二二年)
拙編『関ヶ原合戦人名事典』(東京堂出版、二〇一一年)
拙著『関ヶ原合戦全史　1582―1615』(草思社、二〇二一年)
拙著『豊臣五奉行と家康　関ヶ原合戦をめぐる権力闘争』(柏書房、二〇二二年)
拙著『誤解だらけの徳川家康』(幻冬舎新書、二〇二二年)
拙編『江戸幕府の誕生　関ヶ原合戦後の国家戦略』(文学通信、二〇二二年)

※紙数の関係から、主要参考文献の追加は入手しやすいものに限定させていただいたので、ご寛恕のほどをお願い申し上げる。なお、本書刊行後、白峰旬氏は別府大学が刊行する紀要類、水野伍貴氏は『研究論集　歴史と文化』、『十六世紀史論叢』に多数の関ヶ原合戦関係の論文を公表しているので、ご関心のある向きは参照されたい。

章扉写真　出所一覧

第一章 「3月静岡 駿府城本丸跡にある徳川家康像」
Photonchu／PIXTA（ピクスタ）
第二章 「松が岬公園にある『上杉景勝　直江兼続』の像」
白熊／PIXTA（ピクスタ）
第三章 「【滋賀県】龍潭寺・石田三成之像」
ドラ／PIXTA（ピクスタ）
第四章 「山口県　萩市　毛利輝元像」
soulman／PIXTA（ピクスタ）
第五章 「長野 上田城 東虎口櫓門」
m.Taira／PIXTA（ピクスタ）
第六章 「関ヶ原古戦場 徳川家康最後陣跡」
m.Taira／PIXTA（ピクスタ）
第七章 「徳川家康」
yanmo／PIXTA（ピクスタ）

本書は、2019年9月にＰＨＰ研究所から刊行された『関ヶ原合戦は「作り話」だったのか』を改題のうえ、加筆・修正したものです。

著者紹介

渡邊大門（わたなべ　だいもん）

歴史学者。1967年、神奈川県生まれ。関西学院大学文学部卒、佛教大学大学院博士後期課程修了。博士（文学）。現在、株式会社歴史と文化の研究所代表取締役。日本中近世政治史専攻。戦国時代を中心に日本史を研究。主な著書に『嘉吉の乱　室町幕府を変えた将軍暗殺』（ちくま新書）、『誤解だらけの徳川家康』（幻冬舎新書）、『関ヶ原合戦全史 1582-1615』（草思社）などがある。

PHP文庫　誤解だらけの「関ヶ原合戦」
徳川家康「天下獲り」の真実

2023年4月17日　第1版第1刷

著　者　渡邊大門
発行者　永田貴之
発行所　株式会社ＰＨＰ研究所
東京本部　〒135-8137　江東区豊洲5-6-52
ビジネス・教養出版部　☎03-3520-9617（編集）
普及部　☎03-3520-9630（販売）
京都本部　〒601-8411　京都市南区西九条北ノ内町11

PHP INTERFACE　https://www.php.co.jp/

組　版　宇梶勇気
印刷所
製本所　図書印刷株式会社

ISBN978-4-569-90310-1

PHP文庫

近代史の教訓

幕末・明治のリーダーと「日本のこころ」

中西輝政　著

腐敗とマンネリズムを続けるか。「反転」して甦るか。深い使命感と戦略的思考が問われる時代だからこそ「明治日本」に学び直したい。